Beutel · Xylander | Gerechte Leistungsbeurteilung

Bildung und Unterricht

Silvia-Iris Beutel
Birgit Xylander

Gerechte Leistungsbeurteilung

Impulse für den Wandel

Reclam

RECLAMS UNIVERSAL-BIBLIOTHEK Nr. 14201
2021 Philipp Reclam jun. Verlag GmbH,
Siemensstraße 32, 71254 Ditzingen
Gestaltung: Cornelia Feyll, Friedrich Forssman
Druck und Bindung: Eberl & Koesel GmbH & Co. KG,
Am Buchweg 1, 87452 Altusried-Krugzell
Printed in Germany 2021
RECLAM, UNIVERSAL-BIBLIOTHEK und
RECLAMS UNIVERSAL-BIBLIOTHEK sind eingetragene Marken
der Philipp Reclam jun. GmbH & Co. KG, Stuttgart
ISBN 978-3-15-014201-1

Auch als E-Book erhältlich

www.reclam.de

Inhalt

Einleitung: Plädoyer für gerechte Leistungsbeurteilung in einer neuen Lernkultur

Dieser Band ist ein Plädoyer für neue – gerechtere – Formen der Leistungsbeurteilung in der Schule. Dies ist untrennbar verbunden mit der Etablierung einer neuen Lernkultur, die die einzelnen Schüler*innen in den Mittelpunkt stellt. Das Lernen und das Unterrichten verändern sich.

An der Georg-Christoph-Lichtenberg-Gesamtschule in Göttingen sorgen ein fächerübergreifendes Medienkonzept und die Grundausstattung aller Schüler*innen mit Tablets nicht nur für eigenaktives Lernen. Beides fördert ebenso kollaboratives Arbeiten sowie kreative und vielfältige Ergebnispräsentationen in Teams mit Filmen oder Fotoserien zu Experimenten. Längst lernen Schüler*innen hier nicht mehr nur von den Erwachsenen. Am Gymnasium Alsdorf wird die kontinuierliche Lernbegleitung über ein Mentor*innensystem geregelt. Das fördert Beziehungssicherheit auf der einen, reflexive Lernplanung auf der anderen Seite und unterstützt jahrgangsübergreifende Kooperationsmöglichkeiten mit anderen Schüler*innen: All dies sind Elemente eines Erfolgsrezeptes. An der Waldschule Flensburg können Grundschulkinder von Anfang an ihren Lernweg nach Kompetenz sowie Schwierigkeit visualisieren und auf diese Weise ihr Lernen selbst navigieren und auswerten. Eine lernprozessbegleitende Elternarbeit kommt hinzu. An der Winterhuder Reformschule in Hamburg ist es in kurzer Zeit gelungen, eine »virtuelle Schule« aufzubauen. Barcamps erweisen sich als gremienunabhängige zeitschnelle Kommunikationsebenen. Die kollegiale Verständigung und technische Unterstützung wird gesichert, so dass für alle Kinder und Jugendlichen eine betreute Lernplanung ermöglicht wird und die Zusammenarbeit der Schülerschaft auf digitalem Wege gut organisiert werden kann. Es zeigt sich fast nebenbei, dass dies eine gute Entscheidung auch für die künftige Personalentwicklung ist. An den Berufsbildenden Schulen Einbeck hat die Verständigung des Kollegiums auf ein abgestimmtes individualisiertes Leistungsverständnis zur Einführung eines Kompetenz-Kompasses geführt, der zu Diagnose, Dokumentation, Lernbegleitung und Feedback in allen Bildungsgängen und Fächern herangezogen wird.

Lernen verändert sich: Für pädagogische Teams wird das Eintreten für eine zukunftsfeste Bildung zum zentralen Handlungsmotiv der Erneuerung. Lernen wird als ausdrucksbezogen, gestalterisch und forschend verstanden. Bei den Lernenden geht es darum, Verantwortung für sich selbst und die Lerngruppe sowie für das eigene Fortkommen und entsprechenden Erfolg zu übernehmen. Diese Grundüberzeugung der Schulen schlägt sich nieder in der Organisation des Lernens, aber auch in der inhaltlichen Themenvernetzung. Die standardisierten Verfahren der Leistungsüberprüfungen belegen den Kompetenzzuwachs (Schratz, Pant & Wischer, 2014). Viele dieser innovativen Konzepte sind in der Präsenzschule erprobt, aber digital tauglich. Als unverzichtbar dafür, Lernen und Leistung zu individualisieren, ebenso aber dafür, gemeinsame Tätigkeiten wieder zu integrieren, erweisen sich schulintern erprobte Wegweiser und Steuerungshilfen. Das können Kompetenzlandkarten, Lernpässe und Logbücher sein, die

die Vorhaben begleiten, weil sie für die Planung und die Reflexion gleichermaßen verständlich und nutzbar sind. Es kommt hinzu, dass sie die Identifikation und die Förderung intrinsischer Motivation bei den Schüler*innen gerade deshalb begünstigen, weil die Fremdsteuerung minimiert ist und der Sinnbezug von Aufgaben durch die Vermittlung eigener Lernerfahrungsbezüge gestärkt wird (Beutel & Blum, 2019). Für die positiven Effekte solcher Innovationen sprechen an den exemplarisch genannten Schulen die regen Wettbewerbsteilnahmen und verbindlichen Kooperationen in Projekten mit Bildungspartnern. Es liegt auf der Hand, dass eine solchermaßen erzeugte Lernqualität auch Resonanz in Lernbegleitung und Leistungsbeurteilung finden muss, indem hier die Bildungsstandards ebenso wie die erreichten Kompetenzen transparent gemacht werden und sich zugleich eine zumindest weitgehend notenfreie Praxis von Unterricht und Lernen etabliert (Beutel & Pant, 2020).

Mit diesem Band möchten wir Mut machen dafür, Schule zu verändern, und Interesse daran wecken, über Lernen und Leistung neu und anders nachzudenken. Wir wollen dazu einladen, sich von Beispielen guter Schulpraxis, gerade auch im Blick auf Leistung und ihre Beurteilung, begeistern zu lassen.

Damit dies gelingen kann, werden wir zunächst im ersten Kapitel Aspekte der aktuellen Bildungsdebatte aufgreifen und damit den Rahmen aufspannen, in dem sich die Frage nach gerechter(er) Leistungsbeurteilung bewegt. Im zweiten Kapitel sprechen wir das Verständnis und den Wandel des Leistungsbegriffs an und fragen nach deren Rolle im Wechselspiel von Demokratie, Lernen und Leistungserbringung. Das dritte Kapitel widmet sich der zentralen Aufgabe: dem Umgang mit Vielfalt, der Initiativkraft von Kollegien, eine neue Lern- und Leistungskultur aufzubauen, sowie den vielfältigen Formen der Leistungsbeurteilung, die über Noten hinausgehen und in eine beteiligende Entwicklungs- und Beurteilungspraxis investieren. In einem abschließenden vierten Kapitel werden wir – vor dem Hintergrund unserer langjährigen Erfahrungen mit Angeboten zur Lehrer*innenprofessionalisierung und Schulentwicklung – Perspektiven dafür aufzeigen, wie Innovationen in der Leistungsbeurteilung systematisch, auf die Einzelschule ebenso wie auf das Schulsystem insgesamt bezogen, angeregt werden können. Wir fragen danach, welche Rolle dabei Teams und Gremien spielen, in welcher Weise der Esprit der Erneuerung das gesamte Kollegium erreichen kann und welche administrativen Möglichkeiten für Veränderungen genutzt werden können. Anhand eines Beispiels wird ein solcher Veränderungsprozess ausführlich beschrieben. Die Autorinnen nutzen dabei ihre jeweiligen wissenschaftlichen und praxisbezogenen Perspektiven.

1
Der Rahmen: Schule in neuer Lernqualität gestalten

Innovationen bei der Leistungsbeurteilung sind nötig. Das zeigt ein Blick auf die Herausforderungen, vor denen die Schulen aktuell stehen, prägnanter denn je. Zugleich wird deutlich, dass nachhaltige Verbesserungen in diesem Bereich grundlegendere Reformen in der gesamten Lernorganisation erfordern: Schule muss in neuer Lernqualität gestaltet werden.

Aktuelle Herausforderungen für die Lernorganisation in Schulen erkennen

Die weltweit ausstrahlende Corona-Pandemie hat seit 2020 nicht nur in Wirtschaft und Gesellschaft, sondern besonders im Bildungswesen zu radikalen und ungeplanten Einschnitten, aber auch zur Einsicht in die Notwendigkeit zukunftsweisender Veränderungen von Schule geführt. Ihre aktuell noch gar nicht vollständig beschreibbaren Folgen, insbesondere solche des Wandels von analogem Präsenzunterricht zu mit digitaler Technik ermöglichtem Distanzlernen, hat ein ganzes Bündel an praxisnahen Erfordernissen aufgezeigt, die an den Kern des tradierten Selbstverständnisses von Schulen gehen. Sie betreffen die Qualität, die Organisation, die motivierende Moderation, die Begleitung von Lernen an verschiedenen Orten und weitere Aspekte der Schule. Eingeführte Formen der Leistungsüberprüfung und -beurteilung werden in Frage gestellt. Sie berühren nicht zuletzt die Angemessenheit und Gerechtigkeit der Notenvergabe, deren Fehlerhaftigkeit die empirische Forschung seit den 1970er Jahren immer wieder beleuchtet (Ingenkamp, 1971; Südkamp, Kaiser & Möller, 2012).

Schon jetzt sind die sozialen Folgen dieser Zeit der langen Schulschließung und der wieder anlaufenden Teilversorgung mit Unterricht im Kontext pandemiebedingter Hygiene und »*social distancing*-Gebote« sichtbar: »Die aktuelle Corona-Krise verschärft mit jedem Tag ohne Schule vor Ort die bestehende soziale Ungleichheit. Dabei spielt auch die sogenannte digitale Kluft eine Rolle. Entsprechende Erkenntnisse aus vorliegender Forschung unterstützen die Sorge der sich weitenden Bildungsschere« (van Ackeren, Endberg & Locker-Grütjens, 2020, S. 245). Besorgniserregend ist neben den oftmals noch nicht hinreichend technisch-digitalen Bedingungen häuslichen Lernens, dass in Zeiten von Schulschließungen der Schonraum sowie die Möglichkeiten zur Anregung und zur Entfaltung fehlen, die die Schule insbesondere für Schüler*innen aus sozial benachteiligten Haushalten in grundlegender Weise bietet. Es dominiert die Besorgnis um Lernrückstände und aufzuholenden Stoff. Das sollten in Teilen die in vielen Bundesländern angebotenen »Summer-Schools« oder Samstagsunterricht mit betreuten Lernformen auch als Nachholen und Üben auffangen: »Man kann auch übertreiben, wenn man Lernen zum ultimativen Fokus von Schule macht« (Rolff, 2019, S. 52). Genauso wichtig sind Formen informellen und intuitiven Lernens.

Der bildschirmbezogene Schulalltag unter neuen Bedingungen, dies zeigen auch die Ergebnisse der unmittelbar durchgeführten Schulbarometerstudien und Befragungen zu Corona (Deutsche Telekom Stiftung, 2020; forsa, 2020; Huber [u. a.], 2020; Vodafone Stiftung Deutschland, 2020), bedarf der gesicherten Aufnahme und Kontinuität professioneller Beziehung und Begleitung der Kinder und Jugendlichen. Hierfür müssen die Lehrenden Verantwortung übernehmen. Pädagogik ist und bleibt immer auch ein personenbezogenes Handeln zwischen den Beteiligten. Eines ist sicher: Kinder und Jugendliche dürfen nicht sich selbst überlassen sein, auch nicht vor Bildschirmen! Um dies sicherzustellen, muss ein auch digital taugliches Beziehungs-Management an jeder Schule konzipiert und erprobt werden.

Aufgaben für nachhaltiges Lernen entwickeln

Das bei der pandemiebedingten Schließung der Schulen vielfach genutzte Versenden von Aufgaben allein sichert keine individuelle Aufmerksamkeit. Es verzichtet auf die Passung von Schule und verunsicherter Lebenswelt und lässt das Bedürfnis nach Sozialität in den bekannten Lern- und Freundschaftsgruppen unberücksichtigt. Stattdessen läuft die digitale Unterweisung zunächst Gefahr, die überholten formalisierten Beziehungs- und Kommunikationsrituale, die sich z. B. in Erwachsenenfrage und Schüler*innenantwort erschöpfen, zu stärken. Joel Westheimer, kanadischer Professor für Demokratie und Erziehung, forderte deshalb gleich zu Beginn des Homeschooling: »Stop the homework (unless you and your children are enjoying it). Stop the worksheets. […] [The teacher's] primary job should be to restore a sense of safety, nurture a sense of possibility and rebuild the community lost through extended social isolation« (Westheimer, 2020). Der Appell zielt auf die erste Aufgabe von Pädagogik: das gemeinsame Lernen, das Miteinander in der Schule nicht aus dem Blick zu verlieren.

Diese Krise stellt das Festhalten an der Abarbeitung von Aufgabenstapeln, am bloßen Nachvollziehen und nicht nachhaltigen Lernen mehr denn je in Frage. Lernen sollte zuallererst die Schüler*innen stärken. Es soll aktiv beteiligen und zur Selbststeuerung befähigen. Deshalb benötigt Schule in jeder organisatorischen Form, die sich aus dieser Krise ergibt, aber auch im wieder zu erreichenden »postcoronalen« Zustand ihrer ausdifferenzierten Form modernen Unterrichtens vor Ort (mit intensivierter digitaler Mediennutzung) vor allem ein Lern- und Leistungskonzept, das primär auf die Lernenden selbst, deren Lernbedingungen, Innovationskraft und Ideenreichtum setzt: »Unser Bildungssystem muss deshalb nicht nur Wissen vermitteln, sondern verstärkt kreative, soziale und technische Fähigkeiten fördern. Beispielsweise die Fähigkeit, Lösungen und Antworten zu finden, die über Gewohntes und Regelkonformes hinausgehen [...]. Dafür muss die Qualität des Lernens verbessert werden« (Lipowsky, 2020, S. 38).

Pant sieht im Krisenmodus der sozial begrenzten digitalen Schule vier – in den Kern der Schule weit hineinreichende – falsch gesetzte Prämissen, die das deutsche Schulsystem auch bereits vor der Pandemie kennzeichneten, nämlich: »die Präsenz des Lernens über die Lebenswelt als Lernort, die des Prüfens über das Lernen, das Fachliche über das Fächerverbindende und die Vereinzelung über die Kooperation« zu stellen (Pant, Pech & Schleicher, 2020). Mehr denn je sind zukunftssichere schulentwicklungspraktische Konzepte von Schule erforderlich, die Beziehung, Lernqualität und Förderung zu entfalten und zu stabilisieren vermögen und die in analogen sowie digitalen Lernsystemen gleichermaßen wirksam werden können. Sie sollen im besten Fall begünstigen, »dass Lernen als Bewegung in intelligenten digitalen Welten erlebt wird und nicht als Download von PDF-Dateien, die dann wie im vorherigen Jahrhundert bearbeitet werden« (Köller, 2020, S. 6).

Ein Konzept, das auf die obigen Aspekte eine Antwort gibt, muss in einer von großer Ungewissheit geprägten Lebenswirklichkeit aktuelle Schlüsselprobleme der globalisierten Welt als Lernanlässe aufnehmen. Lernkonzepte benötigen Flexibilität, sollen auf Seiten der Schüler*innen intrinsische Motivation und die Fähigkeit zu Selbstorganisation sowie Handlungswillen freisetzen. Sie zielten auf die Stärkung multidisziplinären, kritischen Denkens und benötigten – möglicherweise erst zu findende – Formen von sozialer Eingebundenheit und Gemeinsamkeit. Ein dieser Krise adäquates Lern- und Leistungskonzept muss vermehrt nach der Zukunft fragen, es muss Antworten auf diese Fragen finden helfen und Perspektiven von Autonomie und Gestaltungsfähigkeit eröffnen: »Ein Lernbegriff, der pädagogisch reflektiert und pädagogisch praktikabel zugleich ist […] muss in jedem Fall breit angelegt sein, also kognitives, emotionales, motorisches, musisches und ästhetisches Lernen umfassen« (Rolff, 2019, S. 49).

Dieser Lernbegriff muss zugleich die Fragen der Kinder und Jugendlichen in den Mittelpunkt rücken: Was will ich lernen, was muss ich dafür tun, um meine Ziele zu erreichen? Wenn der Kompetenzentwicklung statt der Aufgabenbewältigung im Gleichschritt Vorrang eingeräumt wird, werden Lernzeiten ebenso wie Prüfungen individuell getaktet, Jahrgangszuordnungen und ein Denken in Jahrgangsnormen überwunden. Noten erweisen sich aus dieser Perspektive zunehmend als nicht mehr angemessene Ausdrucksform pädagogischer Zwecke. Sie zeigen sich wohl aber als funktional zur Ausübung struktureller Macht in der Schule, die primär mit dem Augenmerk auf Selektion und Zuweisung ihren gesellschaftlichen Auftrag erfüllt: »Insgesamt erscheint es daher plausibel, dass dieser ›Funktionsmix‹, den Noten ›bedienen‹, d. h. gleichzeitig funktional zu sein für die ›lernseitigen‹ Interaktionen wie auch für das Außenverhältnis der Institution Schule, eine intransparente und ungesicherte Notenvergabepraxis geradezu unvermeidlich macht« (Pant, 2020, S. 44).

Digitale Beteiligung fördern

Wir können festhalten: Das schulische Lernen kann und darf sich der Digitalisierung gesellschaftlicher Verhältnisse, der damit zusammenhängenden Verdichtung von Informationsströmen, der Zugänglichkeit von Bildern, Quellen, kulturellen Welten und neuen ästhetischen Formen nicht entziehen. Digitalisierung schafft der Schule weite Möglichkeiten der Erhebung von Lern- und Leistungsständen, der Dokumentation und der Kommunikation der Lehrer*innen wie Schüler*innen untereinander und miteinander. Die Individualisierung von Lernangeboten und Lernplänen bis hin zu Konzepten des *flipped classroom* – bei denen Lerninhalte unter Vorbereitung und Unterstützung durch die Lehrkräfte von den Schüler*innen zu Hause und individuell in Zeit, Abfolge und Tiefe vorbereitet werden, um Ergebnisse in der Schule gemeinsam zu diskutieren und aufzubereiten – birgt Chancen für die Förderung individuellen Lernens.

Die Corona-Krise, die erstmals in den Schulen der entwickelten Industriestaaten zur Aussetzung des Schulbesuches und zur Etablierung wie Ideologisierung von Formen des Homeschooling geführt hat, hat aber auch deutlich werden lassen, dass Ausstattungsdefizite nicht schnell genug behoben, belastende Lebenslagen nicht zureichend berücksichtigt und digitale Begleitung im Tagesrhythmus und in Lernerwartung nicht angeboten werden konnten. Eltern und damit auch die Schüler*innen, insbesondere solche, die in sozial benachteiligten Verhältnissen leben, haben den Gewinn, den ein anderer Lern- und Lebensraum wie die Präsenzschule bietet, und damit auch den sozialen Ausgleich, zunächst verloren. An den vielfältigen positiven Möglichkeiten einer konzeptstarken und gleichverteilten Digitalstruktur in den Schulen sollte gerade unter dem Aspekt der Verringerung von Ungleichheit sowie der Aufmerksamkeit für individuelle Bildungsbiographien intensiv gearbeitet werden. Das ist auch deshalb zwingend, damit diese digitale Struktur – etwa für die Etablierung themen- und lerndifferenter Arbeits- und Kleingruppen von Schüler*innen – für eine notwendige entwicklungsförderliche Leistungsbeurteilung funktional genutzt werden kann. Festgehalten werden muss kritisch, dass die Häufigkeit von traditionellen Leistungskontrollen und anhängigen Zertifikaten der modernen Leistungsschule unverändert zu hoch ist.

Leistungsbeurteilung in Teams verändern

Vor dem Hintergrund dieser kritischen Gegenwartsanalyse möchten wir Ansätze aufzeigen, wie Lehrer*innen und multiprofessionelle Teams in der Schule miteinander arbeiten können, um neue Leistungsbeurteilungssysteme aufzubauen, die systematisch, partizipativ und schulzeitbegleitend angelegt sind. Unser Erfahrungskontext in der Unterstützung der professionellen Handhabe solcher neuen Formen der Leistungsbeurteilung bei den Lehrkräften bezieht sich dabei auf eigene leitende Fortbildungstätigkeiten und unsere Ausbildung von qualifizierten Lehrer*innen zu Trainertandems für die Werkstatt »Lernbegleitung und Leistungsbeurteilung: Fördern, beteiligen, dialogisch reflektieren« der Deutschen Schulakademie. In dieser zweijährigen Werkstatt werden mit Kolleg*innen aus zwölf Schulen des Grund- und Sekundarbereiches für die jeweilige Praxis der Einzelschulen passgenaue Instrumente und Verfahren einer auf Schüler*innen- wie Elternbeteiligung setzenden Lernbegleitung entwickelt sowie in ihrer schulischen Implementierung und kollegialen Erprobung begleitet. Durch die Werkstatt-Fortbildung sollen Kollegien in die Lage versetzt werden, differenzierte Lernsysteme aufzubauen und in diese neue Formen der Leistungs- und Beurteilungskultur zu implementieren (Beutel, Bondick & Xylander, 2019).

Werkstätten sind von ihrem Selbstverständnis her keine

Serviceagenturen mit abrufbaren Konzepten, festen Verfahren und Instrumenten. Sie sind ein kreativ-konstruktives Forum für Schulleitungen mit veränderungsbestrebten und entwicklungsengagierten Leitungsteams, die ihre jeweiligen Schulen weiterbringen wollen und von diesen dafür Spielräume, Ausstattung und Arbeitszeit erhalten. Sie bieten fachlichen Input, Konstruktions- und Reflexionsphasen sowie Einzel- und Kollegialberatung. Sie sind zumeist an Landesinstitute im föderalen Bildungswesen angebunden, was für die Verstetigung des Themas in der Lehrerfortbildung hilfreich ist. Aus dieser Erfahrung heraus haben wir in der Zusammenarbeit mit den Kollegien einige Kernaussagen gebündelt, die aus unserer Sicht entwicklungsleitend sein sollten:

Erstens: Es braucht Schulen und Kollegien, die im Aufbau eines vielfaltsgerechten Lern- und Leistungssystems ein wesentliches Gelingenselement ihrer Verantwortung für erfolgreiche Bildungsbiographien der Kinder und Jugendlichen sehen. Das sind Kollegien, die die Folgen des Ausblendens von Individualität und Biographie erkennen und abwehren möchten. Deshalb setzen sich solche Kolleg*innen häufig besonders kritisch mit der empirisch als unzureichend beschriebenen Notengebung auseinander und investieren in Alternativen. »Denn in der gerade dies nicht berücksichtigenden Praxis sind die Schülerinnen und Schüler den Entscheidungsträgern – ihren Lehrkräften – oftmals ohne Mitspracherecht ausgesetzt. Oft können deren Entscheidungen nicht als gerecht empfunden werden. Objektivität wird nur vorgetäuscht, die Lernenden werden gleichermaßen entmündigt und entmutigt. Das wiederum begünstigt ein Aufgeben in der Schullaufbahn mit verheerenden Schulabbruchquoten« (John & Müller, 2013, S. 70).

Zweitens: Lern- und Leistungsförderung benötigt die Übernahme von Selbstverantwortung. Positive Bildungserfahrungen entstehen, wenn demokratische Mitwirkung selbstverständlich wird. Ein pädagogischer, an Kompetenz und Partizipation ausgerichteter Lern- und Leistungsbegriff in einem vielfaltsgerechten, diagnostisch wie didaktisch ausgewiesenen Lernsystem schafft die Voraussetzungen dafür, Kinder und Jugendliche so früh wie möglich mit demokratischen Prinzipen vertraut zu machen und diese zu erproben: »Im Kern geht es darum, die Schülerinnen und Schüler zu aktivieren, sich in der Lerngruppe über die Ämter und Dienste hinaus zu engagieren und getroffene Absprachen auch eigenverantwortlich umzusetzen – beispielsweise Projektvorhaben von der Planung bis zur Ergebnispräsentation eigenständig zu entwickeln und kooperativ durchzuführen« (Veith, Förster & Weiß, 2020, S. 33). Beziehungsstärkung und Förderung sind dann nicht nur eine Aufgabe des fachlichen Curriculums im engeren Sinne, sondern sind Impuls dafür, Lerngelegenheiten für vielfältige Entwicklungssituationen zu schaffen, nach deren gesellschaftlichem Wert zu fragen sowie Herausforderung und Bewährung im Sinne der Persönlichkeitsbildung anzunehmen. Sie wirken vertrauensstärkend in die Institution Schule.

Drittens: Das in Schulen zu verankernde – und im besten Fall im Stundenplan auch fest ausgewiesene – Gespräch zu Lernen und Leistung darf weder buchhalterisch erfolgen noch zu folgenloser Dauerreflexion führen. Auch sollte aus kinderrechtlicher Perspektive anerkannt werden, dass zwischen Schüler*innen, Lehrkräften und Eltern nicht zwangsläufig deckungsgleiche Mitteilungsinteressen, Offenlegungen und Informationslagen zu Lernen und Leistung der Kinder und Jugendlichen bestehen. Beschämung, Bloßstellung und Bedrängungen zur Offenbarung eigener Motive sind deshalb fehl am Platz. Für alle Beteiligten gilt gleichermaßen, dass es nicht um »unablässige Erforschung der eigenen Befindlichkeit mit dem Ziel der kontrollierten Selbstbezichtigung« (Liessmann, 2017, S. 60) geht. Gesprächsanlässe bedürfen immer der Perspektivübernahme, der genauen Identifikation und Verständigung über Fremd- und Selbsteinschätzung und über den darin liegenden Korridor an Fehleinschätzung oder ebenso legitimer Mehrperspektivität: »Wir arbeiten an einem kompetenzorientierten qualitativen ›Fehler‹verständnis und lassen uns als Lehrende auf die Wirklichkeitskonstruktionen der Kinder ein, verbunden mit dem Anspruch zu verstehen, wie Kinder lernen«, so Gravelaar (2012, S. 108) über die Wartburg-Grundschule Münster. Die Qualität dieses Vorgehens liegt auf der Hand: Wer gehört und angehört wird, sieht sich gesehen und mitgenommen, kann sich selbst als Akteur*in eigenen Lernens verstehen.

2
Der Prozess: Leistung im Wandel verstehen

Im Zusammenhang mit Leistungsbeurteilung stellt sich die Frage, wie eigentlich Leistung definiert ist und welche Anforderungen mit ihr verbunden sind. Die Leistung, die in einem Bildungssystem gefordert wird, entspricht den Anforderungen der jeweiligen Gesellschaft: »Die Qualifikations- und Sozialisationsaufgabe des Bildungssystems besteht zum einen darin, der Bevölkerung grundlegende Kenntnisse, Fähigkeiten und Fertigkeiten zu vermitteln, um die Nachfrage des Arbeitsmarktes nach Qualifikationen und Kompetenzen zu befriedigen. Zum anderen sollen nachfolgende Generationen mit Wissen und Werten erzogen werden, damit sie gesellschaftlich erwünschte Verhaltensmuster zeigen« (Becker, 2014).

Entsprechend gesellschaftlichen Veränderungen ist »Leistung« also kein absoluter und von der Zeit unabhängiger Begriff und wird auch je nach fachlicher Disziplin anders definiert: Die Definition von Leistung ist im Sport anders als in der Wirtschaft, in der Physik anders als in der Rechtswissenschaft.

Das Verständnis von Leistung hat sich auch im schulischen Bereich abhängig von den gesellschaftlichen Verhältnissen und Anforderungen im Lauf der Zeit verändert. Überdies unterscheiden sich die Leistungsanforderungen und Bewertungsvorgaben, auch von Unterrichtsfach zu Unterrichtsfach. Im Schulalltag ist dies Lehrkräften überwiegend nicht bewusst. Sobald sie aber verbale Leistungsbeurteilungen vergeben, tritt – dies zeigen eigene Erfahrungen aus der Schulleitungstätigkeit – der Unterschied z. B. in Zeugniskonferenzen deutlich zutage: Die Note 2 etwa wird im Fach Sport mit einer ganz anderen Begründung vergeben als in Englisch oder Musik. Auch individuelle Schwerpunktsetzungen der Lehrkräfte z. B. auf prozess- oder ergebnisorientierte Beurteilungen zeigen sich in der Ziffernbeurteilung nicht, in der verbalen Beurteilung sehr wohl.

Es ist nicht Gegenstand dieses Bandes, die historische Entwicklung des Schulwesens zu beschreiben (vgl. dazu Becker, 2014; Herrlitz [u. a.], 2009; Precht, 2015). Ein paar skizzenhafte Bemerkungen zur Veränderung des Leistungsverständnisses sind aber zum Verständnis der gegenwärtigen Lage notwendig. Dafür nutzen wir im Folgenden literarische Zitate. Die Wirkung des jeweiligen Verständnisses von Leistung auf die Schüler*innen wird in literarischen Texten besonders deutlich beschrieben. Bei den Lehrer*innen, die an unseren Werkstätten teilnahmen, erzeugte der Einsatz literarischer Texte nicht nur persönliche Betroffenheit, sondern führte auch zur kritischen Auseinandersetzung mit ihrem eigenen beruflichen Handeln.

Es wird deutlich, dass der Veränderungsprozess nicht abgeschlossen ist, sondern weitergehen muss: Die wichtigsten Aufgaben heute liegen darin, demokratisches Denken und Handeln sowie Kinderrechte durch die Beteiligung von Kindern und Jugendlichen in angemessener Form in das schulische Leistungsverständnis zu integrieren.

Leistung im Nachvollzug erbringen

Mit dem Übergang der Trägerschaft der Schulen von den Kirchen auf den Staat zwischen 1870 und dem Ersten Weltkrieg veränderten sich die Werte und Weltanschauungen, die in der Schule vermittelt werden mussten. Leistung wurde in der Kaiserzeit anders verstanden als heutzutage, Lerninhalte und die Art des Unterrichts entsprachen Anforderungen und Werten der damaligen Gesellschaft, zugespitzt gesagt: Erziehung zu Disziplin, Gehorsam und Pflichterfüllung sowie zu Liebe zum Vaterland und zum Herrscherhaus, zu untertänigem Verhalten. Lernen fand im Gleichschritt und alleine statt, nicht in Partner- oder gar Gruppenarbeit. Das Auswendiglernen der Unterrichtsinhalte und ihr Repetieren, nicht selbständiges Denken waren die geforderten Leistungen. Damit verbunden lastete ein großer Druck auf den Kindern und Jugendlichen – und schulte ihre Vermeidungsfähigkeiten. Ein Beispiel aus *Buddenbrooks. Verfall einer Familie* von Thomas Mann (2000) veranschaulicht dies: Der fünfzehnjährige Hanno Buddenbrook schiebt seine Wochenend-Hausaufgaben bis zum Montagmorgen vor sich her, will dann früh aufstehen, um sie noch zu erledigen, kapituliert aber auch davor und kommt schließlich zu spät zur Schule: »Es galt, sich ungesehen ins Klassenzimmer zu stehlen, dort heimlich das Ende der Andacht abzuwarten, die in der Turnhalle abgehalten wurde, und zu tun, als ob alles in Ordnung sei«. Und zu seinem Klassenraum: »Diese kahle und harte Stube war häßlich und hassenswert, und auf seinem Herzen lastete der ganze drohende Vormittag mit tausend Gefahren«. Hanno ist nicht der Einzige, der sich zu dieser Zeit in diesem Raum versteckt. Auch sein Mitschüler Kai befindet sich hier. Auch er hat seine Aufgaben nicht erledigt: »›Ich habe am Sonnabend nicht gearbeitet, weil morgen Sonntag war, und am Sonntag auch nicht, aus Pietät … Nein, Unsinn … hauptsächlich, weil ich etwas Besseres zu arbeiten hatte, natürlich‹, sagte er mit plötzlichem Ernst, indem eine leichte Röte sein Gesicht überflog. […] ›Wenn ich noch einen Tadel bekomme‹, sagte der kleine Johann, ›so bleibe ich sitzen […]‹«. Und so der Unterricht: »Die Schüler träumten und brüteten in der warmen Stube unter den leise sausenden Gasflammen im Halbschlafe vor sich hin«. Ein Schüler bekennt gegenüber dem Lehrer selbstbewusst aufmüpfig, dass er den Unterrichtsstoff nicht gelernt hat, denn er habe in der entsprechenden Stunde gefehlt, ein anderer überlistet den Lehrer, indem er den Text, den er frei wiedergeben soll, aus dem Buch abliest und geschickt in modernes Deutsch überträgt. Schließlich wird in der Bibel weitergelesen und alle träumen sich weg oder beschäftigen sich mit anderen Dingen. Thomas Mann beschreibt in dieser Schulepisode sowohl die Schüler*innen- als auch die Lehrer*innenpersönlichkeiten sowie den Unterricht so pointiert, dass man sich beim Lesen zwar amüsiert, aber auch darüber froh ist, dass man diese Zeit nicht selbst als Schüler*in erlebt hat (Mann, 2000, S. 707–715). Nachdenklich aber macht, dass es auch heute noch die beschriebenen Situationen und Ängste von Schüler*innen zuhauf in den Schulen gibt. Ein Beleg dafür sind die Nottelefondienste der Beratungsstellen zu den Zeiten der Zeugnisausgabe.

Für die Leistungsanforderungen während des Nationalsozialismus genügt ein Blick in zeitgenössische Schulkonferenzprotokolle. Sie offenbaren das unterdrückende und menschenfeindliche System dieser Zeit. Auch hierzu findet sich vielerlei Literatur, die den damaligen Alltag beschreibt (Giordano, 2007).

Selbstständig werden und Verantwortung annehmen

Nach dem Zweiten Weltkrieg schreibt Erich Kästner in seiner »Ansprache zum Schulbeginn«: »Der Lehrer [...] weiß nicht alles und er kann nicht alles wissen [...], der Lehrer ist [...] ein Gärtner. Er kann und wird euch hegen und pflegen. Wachsen müßt ihr selber!« Und weiter: »Das Leben besteht nicht nur aus Schularbeiten. Der Mensch soll lernen, nur die Ochsen büffeln [...]. Der Kopf ist nicht der einzige Körperteil. Wer das Gegenteil behauptet, lügt. [...] Man muss nämlich auch springen, turnen, tanzen und singen können, sonst ist man, mit seinem Wasserkopf voller Wissen, ein Krüppel und nichts weiter.« Und über die Lerngegenstände in den Schulbüchern: »*Mißtraut gelegentlich euren Schulbüchern!* Sie sind [...] entstanden [...] aus alten Schulbüchern, die aus alten Schulbüchern entstanden sind, die aus alten Schulbüchern entstanden sind. [...] Als ich ein kleiner Junge war, mussten wir ausrechnen, wieviel Geld im Jahre 1925 aus einem Taler geworden sein würde, den einer unserer Ahnen Anno 1525, unter der Regierung Johannes des Beständigen, zur Sparkasse gebracht hätte. Es war eine sehr komplizierte Rechnerei. Aber sie lohnte sich. Aus dem Taler, bewies man uns, entstünde durch Zinsen und Zinseszinsen das größte Vermögen der Welt! Doch dann kam die Inflation, und im Jahre 1925 war das größte Vermögen der Welt samt der ganzen Sparkasse keinen Taler mehr wert.

Aber die Zinseszinsrechnung lebte in den Rechenbüchern munter weiter. Dann kam die Währungsreform, und mit dem Sparen und der Sparkasse war es wieder Essig. Die Rechenbücher haben es wieder nicht gemerkt. Und so wird es Zeit, daß ihr einen Rotstift nehmt und das Kapitel ›Zinseszinsrechnung‹ dick durchstreicht. Es ist überholt« (Kästner, 1963, S. 10 ff.).

Erich Kästners Gedanken sind Ausdruck sich wandelnder Ansprüche an die Schule und an Leistung. In Ostdeutschland und dann der DDR wurde ein einheitliches Schulsystem für alle geschaffen, im »Arbeiter- und Bauernstaat« sollten alle das Recht auf Bildung haben, der vorgesehene Bruch mit dem Faschismus schlug sich in den Inhalten nieder; hierzu der Geschichtslehrer Riebenlamm an der Arbeiter- und Bauernfakultät in *Die Aula* von Hermann Kant: »Ihr denkt, ihr müßt hier nur etwas dazulernen [...]. Die Sache ist schlimmer: Ihr sollt hier nämlich etwas verlernen, ihr müßt sogar umlernen. Wir sind alle in die gleiche Koppheister-Schule gegangen, und das Bild von der Welt, so wie man es uns dort gemalt hat, steht zu großen Teilen auf dem Kopf« (2011, S. 78). Zunehmend wurden die Inhalte und damit das Leistungsverständnis und die Leistungsanforderungen von der durch die SED vorgegebenen Staatsdoktrin geprägt.

In Westdeutschland und der jungen BRD blieb das nach der Grundschule gegliederte Schulsystem bis heute erhalten, wenngleich es in den Jahren nach dem Krieg in den Bundesländern diverse Ansätze zur Vereinheitlichung gab (Herrlitz [u. a.], 2009, S. 159 f.). »In der Bundesrepublik dauerte es sehr lange, bis die Wahrheiten über den NS-Staat sich im Bewusstsein der Deutschen durchsetzten [...]. Eine

›Schlussstrich-Mentalität‹ machte sich breit« (Gagel, 2002, S. 3). Hinzu kam der Antikommunismus, der Konsens zwischen fast allen Parteien war und seinen Widerhall in den Schulbüchern fand (Gagel, 2002). Entsprechende schulische Leistungen waren gefordert. Unterricht fand weiterhin im Gleichschritt statt: »Was nun den Unterricht betraf, so hörte ich den ganzen Vormittag über aufmerksam zu. Ich wollte mir Mühe geben, ganz unbedingt, und um das zu beweisen, machte ich bei allem mit, was der junge Lehrer von uns verlangte [...] und ich strengte mich an, den ersten Buchstaben, der uns beigebracht wurde, in immer derselben Größe zwanzig oder dreißig Mal nebeneinander zu schreiben [...] bemühte mich, dem Unterricht weiter zu folgen, ohne ganz verbergen zu können, dass er mir keinen Spaß machte. Das blöde *Gitter-A*, das dämliche *Brezel-B* und das magere *C mit dem offenen Maul!*« (Ortheil, 2011, S. 117 und 125). Der junge Lehrer im Roman möchte diesem besonderen Jungen helfen, der normal intelligent ist, eine große Vorliebe für das Klavierspielen hat und später Schriftsteller wird, aber nicht spricht. Er scheitert an den schulischen Vorgaben, die gleichschrittiges Lernen verlangen, Leistungsbeurteilungen daran ausrichten und die Spaß am Lernen nicht als eine Voraussetzung für Lernfortschritt erkennen. Der Lehrer kapituliert und will den Jungen schließlich auf eine Sonderschule umschulen.

Der Schulkummer, der auch heute noch viele Schüler*innen ihr ganzes Schulleben lang (und oft lange darüber hinaus) begleitet, weil die Schule nicht berücksichtigt, dass Kinder und Jugendliche unterschiedlich lernen, sie nicht als Individuen wahrnimmt, wird sehr anschaulich von dem Franzosen Daniel Pennac beschrieben, der selbst ein »Schulversager« war und schließlich Lehrer und Schriftsteller wurde: »Meine ganze Schulzeit habe ich damit verbracht, vor Lehrern davonzulaufen, [...] Jedenfalls war die Angst tatsächlich das große Thema meiner Schuljahre – eine gigantische Barriere. Weshalb mir später, als Lehrer, nichts dringlicher war, als meine Schüler von der Angst zu heilen – damit die Barrieren eingerissen würden und das Wissen einströmen könnte. [...] Ich schien nicht nur eine Null, sondern auch noch frech zu sein. Ein schlechter Schüler hat als Minimum an Höflichkeit wenigstens unauffällig zu sein, ideal wäre: scheintot. [...] Mein Gott, diese Einsamkeit des schlechten Schülers, der sich schämt, dass er nie das macht, *was er sollte!* Und diese Lust davonzulaufen [...]. Sie packte mich sehr früh. Aber wohin?« (2010, S. 26 ff.) Pennac erwähnt hier auch, wie unbefriedigend diese Art von Schule für viele Lehrkräfte ist: »Ich wusste damals nicht, dass die Lehrer selbst sich mitunter wie lebenslänglich eingesperrt fühlten: endlos denselben Stoff mit immer den gleichen Klassen durchkauen müssen, unter der täglichen Last der Arbeiten, Tests und Hausaufgaben zusammenbrechen [...], ich hatte keine Ahnung, dass Monotonie der Hauptgrund ist, weshalb Lehrer ihren Beruf an den Nagel hängen« (ebd., S. 55).

Lernen und Leistung als individuellen Prozess verstehen

Es folgten bis heute Jahre großer technischer, technologischer und wirtschaftlicher Veränderungen weltweit und damit auch in Deutschland, die eine Veränderung der Anforderungen des Arbeitsmarktes zur Folge hatten und denen die Schulen mit ihrem eigenen Leistungsverständnis und -anforderungen folgen mussten (Precht, 2015): Stichworte wie »Sputnikschock«, »Bildungskatastrophe«, »Wirtschaftswunder«, Demokratie- und Protestbewegungen führten zu Veränderungen in der Schule als System (es entstanden Gesamtschulen, das Gymnasium wurde breiteren Gesellschaftsschichten geöffnet, Integrationsklassen wurden an einzelnen Schulen eingeführt) sowie in den Unterrichtsinhalten und Arbeitsformen. Sie ließen den Schüler*innen mehr Freiheiten und verlangten ihnen gleichzeitig mehr ab als Auswendiglernen. Zunehmend wurde selbständiges Denken gefordert, im Unterricht diskutiert, Gruppenarbeit, Referate, Projektarbeit, entdeckendes Lernen hielten Einzug in den Unterricht. Die Leistungsanforderungen und die Leistungsbeurteilung wurden an die veränderten Grundlagen angepasst, in den Grundschulen wurden in den 1970er Jahren Alternativen zur Notengebung eingeführt. In den 1990er Jahren kam es »erneut wegen der internationalen Konkurrenz, drängender Forderungen aus der Wirtschaft und offenkundiger Diskrepanzen zwischen Anspruch und Realität des Bildungssystems wieder zu bildungspolitischen Debatten über den Modernitätsrückstand des deutschen Bildungswesens«. Es erfolgten aber nur vereinzelte Reformmaßnahmen (Becker, 2004, S. 1). So ist es bis heute auch nach dem »PISA-Schock« 2001 geblieben. Die heutige Arbeitswelt wandelt sich mit großer Geschwindigkeit (traditionelle Berufe verschwinden, neue entstehen) und fordert wieder neue Kompetenzen (Precht, 2015), die in der Schule erworben und eingeübt werden müssen.

Dass Lernen Entdeckung bedeutet, ein sehr individueller Prozess ist, ungleichzeitig verläuft und dann erfolgversprechend und nachhaltig ist, wenn es am jeweils individuell vorhandenen Vorwissen anknüpft und dabei auch Spaß macht (Comenius: »Die Schule sei keine Tretmühle, sondern ein heiterer Tummelplatz des Geistes«) und miteinander geteilt wird – dem wird nach wie vor nicht Rechnung getragen. Unterricht findet immer noch nach dem tradierten Drehbuch in altersgleichen Lerngruppen statt. Die wichtigen Veränderungen der 1960er und 1970er Jahre konnten sich nicht durchgängig in den Schulen etablieren, bis heute ist der klassische Frontalunterricht, in dem die Welt in Fächer aufgeteilt wird, nicht abgelöst – und mit ihm auch die Leistungsbeurteilung mit Ziffern nicht.

Demokratisch denken und handeln lernen

Nach einer Forsa-Umfrage im Auftrag von CosmosDirekt von Oktober 2020 steht bei den in Deutschland Befragten der Klimawandel an erster Stelle der aktuellen Herausforderungen, aber auch die Spaltung der Gesellschaft, die Erhaltung des Friedens, die Verringerung der Armut, soziale Gerechtigkeit, Gesundheit, global wiederkehrende Pandemien und Digitalisierung werden genannt. Aktuelle Herausforderungen liegen im Erstarken von Nationalismen weltweit, die zu vernichtenden Kriegen führen und neben großem Leid immer neue Flüchtlingsströme hervorbringen. Rüstungsausgaben werden in die Höhe geschraubt, internationale Vereinbarungen zur Sicherung des Weltfriedens in Frage gestellt und aufgekündigt, selbst die Forderung nach Atomwaffen in Europa scheint wieder salonfähig. In unserem Land und international werden rechtsextreme und faschistische Kräfte in für die demokratischen Gesellschaften gefährlicher Weise sichtbar und anhaltend aktiv (Naumann, 2020).

Mit den genannten Herausforderungen verbunden ist eine implizite und explizite Infragestellung und Bedrohung der Demokratie in Handlungen und Sprache. Bedeutungen werden in ihr Gegenteil verkehrt, Halbwahrheiten und Lügen massiv und schnell über die sozialen Medien verbreitet. Sehr deutlich wird dies in der Coronakrise. Eine Einschränkung der Meinungsfreiheit wird beklagt (obwohl massenhaft Demonstrationen erlaubt sind und stattfinden dürfen), in Verhöhnung der Opfer der Nazidiktatur Judensterne mit Aufdruck »Impfgegner« getragen, Kinder und Jugendliche vergleichen sich auf öffentlichen Tribünen der sich selbst so nennenden Querdenker mit vom Naziregime Verfolgten wie Sophie Scholl und Anne Frank (*Frankfurter Rundschau* vom 17. November 2020; Decker, 2020). Hannah Ahrendt nannte diese Struktur »Wahrlügen«: »Man kann sagen, dass der Faschismus der alten Kunst zu lügen gewissermaßen eine neue Variante hinzugefügt hat – die teuflischste Variante, die man sich denken kann – nämlich: das Wahrlügen« (Arendt, 1989, S. 29). Dass Worten auch Taten folgen, lehrt die Vergangenheit unseres Landes, aber auch die Gegenwart, wie in der Erstürmung der Reichstagstreppe in Berlin 2020 oder des Kapitols in Washington im Januar 2021, Orte und Symbole der Demokratie, der demokratisch gewählten Parlamente.

Unsere heutige Gesellschaft braucht mündige Bürger*innen, die den Wert der Demokratie und demokratischer Errungenschaften annehmen, die erkennen, wodurch sie wirklich bedroht sind, die Demokratie *leben* können. Dies muss und kann im Kindesalter beginnen.

Die Schule muss sowohl die heutigen Herausforderungen als auch Möglichkeiten, ihnen zu begegnen, thematisieren. Neben sachlich-fachlicher Qualifizierung, der Entwicklung von Kompetenzen und der Qualifizierung für eine veränderte Arbeitswelt muss die Schule demokratisches Handeln ermöglichen. Zahlreiche Verlautbarungen und Positionspapiere – bis hin zu den Empfehlungen der KMK – begründen diesen Sachverhalt aus verschiedenen Perspektiven. Dazu formuliert der Schulverbund *Blick über den Zaun (BüZ)*, ein Zusammenschluss von Schulen, die Wege einer Veränderung gehen und sich einem gemeinsamen Leitbild verpflichtet fühlen, in exemplarischer Form: »Demokratie und Schule sind wechselseitig aufeinander angewiesen. Die Schule muss selbst ein Vorbild der Gemeinschaft sein, zu der und für die sie erzieht. Sie muss ein Ort sein, an dem Kinder und Jugendliche die Erfahrung machen, dass es auf sie ankommt, dass sie gebraucht werden und ›zählen‹« (2007, S. 8).

Ein Ziel der Schule muss sein, dass junge Menschen die Demokratie als bewahrenswerte Errungenschaft schätzen lernen, dass sie lernen, genau hinzuhören, Argumente abzuwägen, Ideen und Handlungen kritisch, mit Kenntnissen der Geschichte und auf Fakten basierend zu hinterfragen. Sie müssen befähigt werden, demagogische Sprache, Verdrehungen und (Wahr-)Lügen zu erkennen, damit sie dem etwas entgegensetzen können. Dazu gehört auch die fundierte Informiertheit als Voraussetzung für Argumentations- und Diskussionsfähigkeit. Und es gehört dazu, dass demokratisches Handeln in der Schule ein- und ausgeübt wird. Schließlich muss sich das in einem entsprechenden Leistungsverständnis und einem diese Anforderungen berücksichtigenden Leistungsbeurteilungssystem zeigen.

Kinderrechte durch Beteiligung sichern

Gelingen kann das Einüben demokratischen Handelns, wenn die Schule die Verpflichtung, Kinder und Jugendliche zu stärken, ernst nimmt, indem sie ihren Lern-, Forscher- und Erkenntniswillen nicht durch ein selektives und damit demütigendes, soziale Ungleichheiten perpetuierendes Bewertungssystem, wie es sich in der gängigen Notengebung ausdrückt, bricht, sondern diesen fördert, damit sie zu selbstbewussten Bürger*innen werden können. Denn starke Kinder werden starke Bürger*innen. Bildung und Leistungserbringung beinhalten mehr als die »Vermittlung« von fachlichem »Stoff«. Im Leitbild des BüZ (2007, S. 5) heißt es zum Lernen: »Lernen ist umso wirksamer, je mehr es an Erfahrung, (Selbst-)Erprobung, Bewährung und Ernstfall gebunden ist. Lernen ist umso weniger wirksam, je stärker es nur rezeptiv, fremdgesteuert, einseitig kognitiv bleibt [...]. Lernen braucht Erlebnis und Erfahrung ebenso wie Übung und Systematik: seine Qualität hängt davon ab, wie sich beide ergänzen.«

Bei der Unterrichtsorganisation und den -inhalten hat in der überwiegenden Mehrzahl der Schulen bis heute nach wie vor die Lehrkraft das Heft in der Hand, wird im Unterricht im Gleichschritt gearbeitet. Immer noch wird den vielen Erkenntnissen von Bildungs- und Gehirnforscher*innen nicht Rechnung getragen, nach denen Autonomie, soziale Sicherheit und Selbstwirksamkeit wichtige Bedingungen für nachhaltiges Lernen sind. Selbstbestimmung der Schüler*innen bzgl. dessen, was sie wann und wie lernen, wird in den meisten Fällen nicht eingeräumt, im Vordergrund steht der gemeinsame Fachunterricht (obwohl die Welt nicht in Fächer eingeteilt ist!) und damit auch die Beurteilung der fachlichen Leistung mit Ziffern, und dies noch dazu gemessen an der Durchschnittsleistung einer Klasse. Stattdessen müsste das individuelle Wohl der einzelnen Schüler*innen im Vordergrund stehen und damit der individuelle Lernausgangspunkt und der individuelle Lernfortschritt Maxime der Beurteilung sein. Dies wird in den Schulgesetzen der meisten Bundesländer ähnlich formuliert (s. Kapitel 4 dieses Bandes).

Die Schule ist ein Ort, an dem demokratisches Handeln ein- und ausgeübt werden kann: Das Anhören schon des Kindes gehört dazu, seine eigenen Gedanken, seine eigene Einschätzung zum Lernfortschritt sowie seine Teilhabe und Beteiligung an der Schulentwicklung insgesamt, kurzum: Beteiligung statt Unterordnung.

Das muss auf der Lernebene (lasst die Kinder selbst sagen, was sie wann wo am besten lernen, mit Beratung ihre eigene Planung aufstellen und selbst festlegen, wann sie einen Beweis erbringen) ebenso geschehen wie auf der Unterrichtsebene (lasst die Kinder mitwirken beim Unterrichts- und Klassenraummanagement, lasst sie ausprobieren) und auf der Schulentwicklungsebene (lasst die Kinder mitwirken bei der Raumgestaltung, der Organisation, den inhaltlichen Schwerpunkten der Schule und ihrer Weiterentwicklung). So erproben Kinder demokratisches Handeln im Alltag und eröffnen manchem Erwachsenen den Blick für Neues und Wesentliches. Dies entspricht den in der UN-Kinderrechtskonvention formulierten Bildungszielen (o. J. [1989], Art. 21).

Die Kinderrechtskonvention wurde in Deutschland am 5. April 1992 ratifiziert. UNICEF Deutschland forderte in einem Appell zum Tag des Grundgesetzes am 23. Mai 2020, die Kinderrechte ins Grundgesetz aufzunehmen. Darin heißt es u. a. »Denn bis heute ist es nicht gelungen, die Rechte aller Kinder vollständig bekannt zu machen und zu verwirklichen. Es besteht die Gefahr, dass ein beträchtlicher Teil der Kinder, die in Deutschland aufwachsen, weiter an den Rand der Gesellschaft gedrängt und abgehängt werden. Armut, mangelnde Bildungschancen, Gewalt in der Familie – für viele junge Menschen ist das trauriger Alltag.« Diese Lebensbedingungen haben sich mit den Schulschließungen in der Corona-Krise noch massiv verschärft, und auch dies ist eine Gefahr für die Demokratie.

Auch die UN-Behindertenrechtskonvention hat den Blick auf Leistung verändert (UN-Behindertenrechtskonvention, 2006, Art. 24). Die Notwendigkeit der Stärkung des Selbstwertgefühls für ein Leben ohne Diskriminierung ist hier niedergeschrieben. Hier wird ein »integratives Bildungssystem auf allen Ebenen« mit dem Ziel gefordert, »die Achtung vor den Menschenrechten, den Grundfreiheiten und der menschlichen Vielfalt zu stärken«.

BüZ überträgt die in der Kinderrechtskonvention und in der Behindertenrechtskonvention formulierten Forderungen und Rechte auf das Schulleben und die heutigen Anforderungen an Unterricht und Leistungsbeurteilung: »Jede Schülerin / jeder Schüler kann in jeder Unterrichtsstunde Leistungen erreichen, die – gemessen an ihren/seinen Lernvoraussetzungen – »gut« sind. [...] Die Lehrenden kennen die individuellen Lernstände. Sie verstehen individuell verschiedene Lernmöglichkeiten und -wege.« Daraus folgt: »Der Unterricht ist auf unterschiedliche Leistungsniveaus angelegt«, und »fachliche Standards sind differenziert ausgelegt« (BüZ, 2007, S. 13).

In allen Bundesländern ist mittlerweile inklusiver Unterricht – in unterschiedlich konsequenten Ausprägungen – in den Schulgesetzen verankert. Inklusiver Unterricht, der die Unterschiedlichkeit und die Rechte *aller* Schüler*innen berücksichtigt, erfordert und unterstützt dabei gleichzeitig ein anderes Herangehen an schulische Leistung und ihre Beurteilung. Lehrende an Schulen, in denen es schon vor der Inklusion Integrationsklassen gab, wissen, dass nicht allen Schüler*innen dieselbe Leistung abverlangt werden kann. Mit den Anforderungen muss auch die Leistungsbeurteilung an die individuellen Voraussetzungen und Möglichkeiten angepasst werden. Ein Notensystem wird weder Kindern und Jugendlichen mit Beeinträchtigungen noch Kindern und Jugendlichen ohne Beeinträchtigungen gerecht. Die Inklusion bietet also gute Möglichkeiten, zu einer Leistungsbeurteilung des individuellen Lernfortschritts überzugehen, die die jungen Menschen nicht demütigt, sondern stärkt, und die »Schnellen« nicht unnötig bremst. Mit einem pauschalen Ziffernsystem ist das nicht möglich.

3 Die Aufgabe: Leistungsbeurteilung lern- und entwicklungsgerecht umsetzen

Es geht auch anders, dialogischer, lernbezogener, förderlicher, für den inklusiven Unterricht und die Begleitung der Lern- und Bildungswege von Schüler*innen dienlicher, so eine heutige Erkenntnis vieler Schulen, die Noten als alleinigen Ausweis erbrachter Leistungen und als den entscheidenden Tauschwert im bundesdeutschen Berechtigungswesen verändern, letztlich auch so weit wie möglich überwinden wollen. Für die Lehrenden sind dabei das Zutrauen in die eigene Kompetenz, Selbstwirksamkeitserwartungen, die Bezugnahme auf schon erfolgreiche Handlungserfahrungen, aber ebenso die Einsicht in die Expertise multiprofessioneller Teams vor Ort die tragenden Säulen guter Schulpraxis. Was motiviert die Akteur*innen zu den entsprechenden Schritten der Veränderung?

Die Gerechtigkeitsfrage stellen

Der Ausgangspunkt des kollegialen Ansatzes ist oftmals eine wahrgenommene, aber unbearbeitete Passungskrise des Schulsystems insgesamt. Diese zeigt sich in der Trägheit einer die gesellschaftliche Transformation nicht hinreichend berücksichtigenden und zu wenig zukunftsbezogenen Schulentwicklung. Das belegt ein vorrangig auf Nachvollzug von Stoff und damit lernseitige Einseitigkeit setzendes curriculares Vorgehen. Das verdeutlicht die Unerfahrenheit darin, authentische Lern- und Prüfungssituationen zu schaffen sowie die Verbesserung von Lernen, Kommunikation und Ergebnis mit und zwischen Schüler*innen auch im außerschulischen Rahmen digital gestützt zu gestalten (Labusch, Eickelmann & Conze, 2020).

Das Schulsystem reagiert zu wenig auf den gesellschaftlichen Bedarf und die Erwartungen an Schulerfolg bei den Kindern und Jugendlichen. Diese kommen mehr denn je mit unterschiedlichen Interessen, Motivationslagen, Fähigkeiten und verschiedener Herkunft, was in allen Schulen eine entsprechende pädagogische Professionalität und Ausbildung der Lehrenden voraussetzt. Zwar wird die Entwicklung diagnostischer Kompetenzen von Lehrkräften eingefordert, jedoch werden diese – beobachtet man die Entwicklung der letzten Jahre – erst nach und nach zu einer Aufgabe der gesamten und berufsbegleitenden Lehrer*innenbildung.

Hinzu kommen immer noch ungeklärte Vorstellungen und Praxen von Gerechtigkeit in der Leistungsbeurteilung. Dies gilt sowohl in Korrespondenz zur Bezugsnormenwahl als auch in der Frage der Notwendigkeit des Einsatzes von Noten: »Ist ein Schulsystem (und die Leistungsbeurteilung) in erster Linie dann gerecht, wenn es Vergünstigungen streng nach Leistungskriterien vergibt, wenn es Individuen maximal anerkennt, wertschätzt und damit in ihrer Persönlichkeit stärkt, oder wenn es allen Kindern und Jugendlichen eine Teilhabe am weiteren (Berufs-)Leben garantierten kann?« (Pant, 2020, S. 58)

Die damit verknüpfte Überbewertung des Abiturs sowie der gymnasialen Laufbahn führt gesamtgesellschaftlich dazu, dass die Aussagekraft von Noten anhaltend überschätzt wird. Bekanntermaßen hat die seit Jahrzehnten veröffentlichte evidenzbasierte Forschung zur Notengebung – innerhalb derer die kritischen und unzureichenden diagnostischen Qualitäten der vorherrschenden Instrumente sattsam belegt sind – deren Akzeptanz im Schulsystem nicht maßgeblich geschwächt, auch aus Unkenntnis von Alternativen. Es wird den Schulnoten der Mythos der Leistungsgerechtigkeit zugebilligt, was sich mit der Hoffnung auf Erhalt oder Verbesserung des gesellschaftlichen Status verknüpft. Bei den »gesellschaftlichen Eliten haben Schulnoten deshalb immer schon eine große Akzeptanz, weil sie verstanden haben, dass nichts die Sozialstruktur einer Gesellschaft verlässlicher reproduziert als der Glaube an die Objektivität von Schulnoten einerseits und der Glaube an den Mythos, es gäbe so etwas wie individuell zurechenbare Leistungen, andererseits« (Häcker, 2020, S. 29).

Die Impulse und Erlasse, die aus der Schulverwaltung der Länder zum kompetenzbasierten Unterricht, zur Leistungserhebung, Dokumentation und Bewertung kommen, fördern z. B. in Bayern oder im Saarland ausdrücklich einen durch Professionalität im Handeln der Lehrkräfte abzusichernden Gestaltungsrahmen für formative (d. h. den Lernprozess beobachtende und unterstützende), beteiligende und förderliche Leistungsbeurteilung. Dies geschieht jedoch ohne auf eine frühe Notenvergabe zu verzichten. Es liegt auf der Hand, dass damit die Infrastruktur der Reform bereits in sich widersprüchliche Züge trägt und vor allem den einzelnen Lehrkräften Lasten und Ambivalenz auferlegt, die Schüler*innen und Eltern kaum zu vermitteln sind: »De facto bedienen schulische Noten einen ›Funktionsmix‹ aus lernförderlicher Rückmeldefunktion und meritokratischer Selektionsfunktion« (Pant, 2020, S. 58), d. h. die durch Eigenleistung – eigene Verdienste oder »Meriten« durch Wissen und Kompetenznachweis – der Schüler*innen begründete Auswahl und damit letztlich ein sowohl Pluralität förderndes als auch individuelle Sozialkontexte widerspiegelndes Zertifikatswesen. Hier liegt einer der Gründe für die anhaltenden bildungspolitischen Streitpunkte in Fragen der Leistungsbeurteilung.

Wer Schulen und Schulnetzwerke in einem Reformprozess begleitet, moderiert infolgedessen zwangsläufig Ungereimtheiten und muss sich stetig und in verschiedenen Ausprägungen einem scheinbaren Kompromiss zwischen Notenvergabe und Alternativen stellen. Wenn man jedoch diese Herausforderung ins Positive wendet, treten auch Chancen für die Unterstützung von Planungs- und Selbstreflexionskompetenzen der Schüler*innen hervor, für die Begleitung selbstbestimmten Lernens, für die Anerkennung je eigener Zugänge zum Lernerfolg. Lerndokumentationen erhalten dabei ihre Bedeutung durch die Beteiligten selbst. Insofern schließen diese eine grundlegende Demokratieerfahrung ein.

Reformen national und international beschleunigen

Vor dieser Ausgangslage entstanden und entstehen bundesweit in Schulen aller allgemeinbildenden Bildungsgänge Resonanzräume eines modernen Verständnisses von Lern- und Leistungskultur. Man kann hier von einer Art Langzeitinvestition in die Bewegung und Positionierung der eigenen Profession sprechen, in einen Masterplan, der vielfältige Konzeptlogiken der Einzelschulen zulässt und eine Aufnahmeerwartung an das Gesamtsystem stellt. Dies geschieht nicht ohne Begleitung und Moderation. Die Preisträgerschulen des Deutschen Schulpreises etwa haben mit praxisbezogener Exzellenz einen erheblichen Beitrag dazu geleistet, die Leistungsbeurteilung zu einem Leitthema der Professionalisierung werden zu lassen. Kollegium und Schulleitung einer der ersten Preisträgerschulen des Deutschen Schulpreises, der Jenaplan-Schule Jena, haben Neuausrichtungen als »funktionale Differenzierung« beschrieben, die nicht mehr der üblichen »fremdbestimmte[n] Erfüllung äußerer gesellschaftlicher Systemfunktionen« dient, sondern der beständigen »Verbesserung innerer schulischer Funktionen, also der Förderung des Lernens und des Kompetenzaufbaus« (John, Frommer & Fauser, 2008, S. 16).

Solche Initiativkräfte zur Veränderung entstanden in Kollegien aus der Aufarbeitung eigener reformpädagogischer Traditionen, aber auch aus innovativen Lernmodellen wie z. B. dem verständnisintensiven Lernen (Fauser, Heller & Waldenburger, 2015), welches auf eine abgesicherte reflexive Professionalisierung zielt. Einen weiteren Zugang fanden Lehrer*innen durch Angebote, die aus dem Kreis der eigenen Schulgemeinschaft und der Regionalität herausführten. Ein solcher Anlass bot sich insbesondere in den Zyklen der Veröffentlichungen der PISA-Studien der OECD durch Hospitationsreisen in besonders erfolgreiche Länder. In diese Zeitspanne fallen auch die weltweiten Verpflichtungen, die Inklusionsagenda praktisch einzulösen und den Erfolg der Erziehungs- und Bildungsarbeit in Anbetracht kinderrechtlicher Erwartungen an die Einlösung von

Schutz-, Förder- und Beteiligungsrechten – und angesichts von Flucht in ihren Lebensumständen erschütterter Kinder und Jugendlicher – unter Beweis zu stellen. Im schulischen Mikrokosmus unterschiedlichster Biographien, aber auch besonders bei den vulnerablen Schüler*innengruppen sollte sich eine inkludierende Kultur bewähren. Der Umgang mit Fragen von Anerkennung, Teilhabe, Verteilung – den Dimensionen von Bildungsgerechtigkeit schlechthin – erhielt damit nicht nur ein pädagogisches, sondern auch ein politisches Gewicht hinsichtlich der Integrationsleistung für die Gesellschaft insgesamt. Es bedeutet, die Schulwelt für die unterschiedlichen Aspekte von Vielfalt zu sensibilisieren, sie zu internationalisieren und zu demokratisieren.

Im Zuge dessen wurden Innovationen gesucht und diskutiert, darunter: kompetenzausweisende Lernmodelle und -systeme, Lernprozessdiagnostik, Raumpädagogik, Rhythmisierungen in Lerngemeinschaften, formative Leistungsbeurteilung; Aufnahme fanden Möglichkeiten von Self-Assessment, Peer-Assessment, Assessment Discussions und verbales Feedback wie z. B. in Finnland, oder auch die im asiatischen Raum vorkommenden ganzheitlichen Bewertungssysteme, wie sie z. B. aus Singapur bekannt sind. Dort werden Schüler*innen-Portfolios in den Mittelpunkt der Leistungsbeurteilung gestellt. Tests, Aufgabensammlungen und ihre Bearbeitung, kreative Entwürfe werden einbezogen, Lernplanung und Ergebniserwartung werden mit Journals begleitet und darauf bezogene Selbsteinschätzungsoptionen (Tools wie Checklisten und Ergebnistabellen) mit Feedbacks von Lehrkräften, Mitlernenden und Eltern verbunden (Tan, 2013). Einzelheiten zu bereits eingesetzten und wirksamen (und schon jetzt im Rahmen der geltenden Rechtslage möglichen) Formen sind im folgenden Kapitel 4 zusammengestellt.

In Deutschland ist eine Art professioneller Selbstermächtigung lernender Schulen zu erkennen, die an Visionen guter Schule arbeiten. Für die Entwicklungsarbeit wurden beispielsweise die sechs Qualitätsbereiche des Deutschen Schulpreises leitend. Im Qualitätsbereich *Leistung* finden sich in Veröffentlichungen zum Deutschen Schulpreis (Beutel [u. a.], 2016) aus der Praxis der Preisträgerschulen resultierende Leitfragen, die kollegiale Aufgaben ansprechen. Es geht um das Leistungsverständnis und dessen Beitrag zur Überwindung sozialer Ungleichheit, um Leistungsförderung durch Lernbegleitung, um die Breite an Lernangeboten und ebenso die Bearbeitung externer Leistungserwartungen. Schließlich spielen die Lernprozessdiagnostik, die Selbststeuerung von Lernen und Leistung, zugehörige Ziele und die durch summative (d. h. das Lernergebnis durch Bilanzierung curricularer Wissensbestände abschließend beurteilende) Verfahren erhobenen Leistungsdaten im Dienste der Verbesserung von Lernergebnissen eine Rolle. Außerdem wird nach Instrumenten und Verfahren der Leistungsrückmeldung, nach schulzeitbegleitenden Feedbacksystemen auf der Grundlage transparenter Kompetenzbeschreibungen gefragt. Und zu guter Letzt geht es um die Leistungsergebnisse, um extracurriculare Erfolge wie Auszeichnungen, um Lernbiographien, die unerwartete, oftmals über den Übergangsempfehlungen liegende Laufbahnmöglichkeiten erkennen lassen.

Bei Preisträgerschulen, die ihre Besonderheit und Exzellenz entlang der sechs Qualitätsbereiche belegt haben und durch ein aufwendiges Juryverfahren zertifiziert wurden, sind Verschiedenheit, Demokratisierung, Modernisierung und Anschlussfähigkeit feste rahmende Größen neuer Systeme. Entwicklungs- und Leistungsdaten (z. B. in Grundschulen freie Kindertexte, die Hamburger Schreibprobe oder die Münsteraner Rechtschreibanalyse zur Einordnung von Rechtschreibleistungen) werden rahmenplan- und lerngruppenbezogen sowie schüler*innenindividuell in multiprofessionellen Teams besprochen und ausgewertet. Sie münden in eine Förderstrategie, die die Kinder selbst mit ihrem Können als Peers einbezieht.

Wie aber arbeiten die Kinder? Die Schüler*innen orientieren sich z. B. an fachbezogenen Lernlandkarten, die eine Jahrgangsnorm markieren, visuell Kompetenzen abbilden und explizit den Anredebezug zum jeweiligen Kind herstellen: »Das sollte ich am Ende der 3. Klasse können«. Nach der Bearbeitung wird das Item mit einem Tätigkeitsbild auf einer persönlichen Lernlandkarte abgebildet (»Meine Lernlandkarte Schreiben ... Rechnen«). Ganz freie Lernlandkarten sind ebenfalls im Gebrauch. Eine andere Form bilden Streckenpläne. Diese zeigen die Kompetenzbereiche und Leistungsvorgaben des Rahmenplans auf und beinhalten Aufgaben, die zur selbstständigen Bearbeitung geeignet sind. Mithilfe von Wochenfarben werden Markierungen der Kompetenzen vorgenommen. Kinder können sich schließlich selbst zur Lernzielkontrolle anmelden. Die Lerndokumentation, die daraus entsteht, ist für Erwachsene und Kinder jederzeit nachvollziehbar. Kinderausstellungen zeigen das Erlernte als Teil gemeinsamer Anstrengung und Leistung, laden auch Mitschüler*innen mit Präsentationen oder einem wöchentlichen Wissensquiz zur Auseinandersetzung mit dem Inhalt und Produkt ein. Selbsteinschätzungsbögen und Gesprächspfade strukturieren und ritualisieren die Kindersprechstunden. Insgesamt ist in der Primarschularbeit ein Kreislauf des Lernens erkennbar: Von Entwicklungsplanern über Lernzielbausteine hin zu Reflexionseinheiten und Portfolios/Leporellos mit Lernvereinbarungen. Wochenfeedbacks der Kinder erfolgen auch an Lehrkräfte und pädagogische Teams. Die Kooperation mit den Elternhäusern wird durch Projekte, aber ebenso durch persönlichen Austausch mit konstruktivem Elternfeedback für Lehrkräfte wie für Kinder gestützt. Kurse zur Alphabetisierung kommen hinzu. Die Erfahrungen zeigen, dass schon jüngste Kinder sehr gut mit der Organisation des Lernens zurechtkommen und ihre Verstehensmöglichkeiten angesprochen sehen. Auf die Erfahrung, selbst etwas zu können und zu präsentieren, wird täglich aufmerksam gemacht; sie prägt so das Selbstbild der Kinder.

In der Sekundarstufe werden diese Formate fortgeführt. Da manche Schulen in Langform konzipiert sind, gibt es hier ein übergangsloses Kontinuum. Wie zu erwarten, werden aber Anpassungen in der Darstellungsform vorgenommen: Hier finden sich Logbücher, die in der Federführung der Lernenden die Eigenverantwortung in der Planung stärken sowie das Wissen um Kompetenzen und ihre Hierarchisierung offenlegen. Abfolgen der Bearbeitung, aber ebenso Zeitfenster der Vergewisserung in der Auseinandersetzung mit anderen werden darin verbindlich festgehalten. Coaching, Stärkenorientierung und Zielvereinbarungen sind hier flankierende Grundelemente. Selbstreflexion (auch in Form von Verlaufsgraphiken zu Vorhaben, Motivation, Zielerreichung) und diskursive Auseinandersetzungen mit Fremdeinschätzungen stehen in engem Bezug zueinander. Videoanalysen ermöglichen die Auswertung von Unterrichtseinheiten in Gesprächssettings. In Lernentwicklungsordnern als Portfolios werden im Übergang zur Oberstufe nicht nur Lernerfolge gesammelt: Die zugehörigen Kommentare ermöglichen einen biographisch-individuellen Blick auf den zurückgelegten Lernweg, der für künftige Anstrengungen zugänglich bleibt. Auch bezüglich der Aufgabe, neu zugewanderte junge Erwachsene auf dem Weg zum Abitur zu begleiten, wird vorrangig auf die Einübung in Selbsteinschätzung und Integrationsleistung in der Validierung von Urteilen gesetzt: »Am Oberstufen-Kolleg bewerten wir die schulischen Leistungen in der Eingangsphase nicht mit Noten. Die Lehrenden stellen am Ende eines Ausbildungssemesters fest, ob die Kursziele erreicht wurden […], die Kollegiat*innen reflektieren die Rückmeldungen ihrer Lehrenden zu ausgewählten Leistungsnachweisen. Diese Dokumente werden in einem Ausbildungsportfolio gesammelt, das das herkömmliche Ziffernzeugnis ersetzt« (Geweke [u. a.], 2020, S. 39).

Ein weiteres Beispiel soll zeigen, dass die an Preisträgerschulen – wenn möglich bis weit in die Sekundarstufe I – eingesetzten Lernentwicklungsberichte (die sowohl als freie Texte als auch als Rasterzeugnisse mit formulierten Inhalten und Kompetenzen vorkommen) durch Aufforderung zum dialogischen Schreiben an Adressat*innenwirkung gewinnen und zudem unterrichtlich wirksam werden können: »Ich bin damit einverstanden, dass mir wirklich viele Fehler in der Rechtschreibung passieren. Mir fehlt in meinem Lernentwicklungsbericht, dass ich auch ein bisschen schüchtern bin. Ich kann gut in Mathe arbeiten, weil es so ruhig ist. Mir fällt es schwer, in anderen Fächern mitzuarbeiten, weil die Aufgaben so schwer sind. Ich nehme mir vor, dass ich den anderen Kindern mehr vertraue. Ich möchte, dass die Lehrkräfte mehr Ruhe in den Unterricht bringen«. Um diesen zuletzt genannten Aspekt noch effektiver aufgreifen zu können, beziehen Schulen neben der Lerndokumentation zusätzlich fortlaufend Feedbackbögen zur Unterrichtsqualität mit ein, die mit testbezogenen Verfahren mit Standardisierungsanspruch weitere Quellen für die Schul- und Unterrichtsentwicklung sind.

Begleit- und Entwicklungsgespräche pflegen

Absichtsvolle Wechseldialoge von Adressierung und Re-Adressierung sind grundlegend für die Praxis guter Schulen in Diagnostik, Dokumentation und Beurteilung: »Der wesentliche Schritt zur Personalisierung der Lernprozesse beinhaltet einen Musterwechsel, der für ein modernes Verständnis einer prozessorientierten, interaktiv-dialogischen *Pädagogischen Diagnostik* von entscheidender Bedeutung ist. Die Lehrperson begibt sich hierbei in einem ersten Schritt wertfrei in die Perspektive der lernenden Person und beide überlegen gemeinsam, wie das jeweilige Lernziel erreicht werden könnte« (Schreiner & Kraler 2019, S. 866). Das kann für Lehrer*innen herausfordernd sein, denn es setzt eine Änderung der Haltung voraus. Es stellt auch die tradierten Anforderungen an den Unterrichtsalltag, das tägliche Bewerten und Notenvergeben, in Frage. Was aber bedeutet Beteiligung für Schüler*innen, welche Erfahrungswerte entstehen im Wechselspiel von *Assess-*

ment for Learning und *Assessment as Learning* (Jürgens, 2020)?

Zunächst ist festzuhalten, dass die Beteiligten gemeinsam entscheiden, was zur Person, zu Lernfortschritten, zugrundeliegenden Normen und zur Verbesserung kommuniziert wird. Sie bedenken, was beantwortet und was unausgesprochen, vielleicht nur der eigenen Gedanken- und Vorstellungsbildung zugänglich bleibt. Es gilt dann, dass »Schülerinnen mit diesen Zuschreibungen und den Urteilenden in einen Dialog treten, darauf antworten und sich damit selbst zu jemandem machen« und auch erkennen, »was sie werden können« (Reisenauer & Gerhartz-Reiter, 2019, S. 915).

Insofern zeigt sich hier eine gemeinsame Aufgabe, in der es darum geht, zur Beziehungsverlässlichkeit, zu Vertrauen und sanktionsfreier Mitteilung beizutragen und diese Kultur immer wieder zu prüfen. Dazu gehört, dass als Grundlage der Bilanz- und Zielgespräche Einschätzungen datenbelastbar im Dienste von Gerechtigkeit und Zuverlässigkeit sind. Nicht zuletzt ist es ein Lernprozess für alle Mitwirkenden, zu erkennen, dass getroffene Urteile aus dem Blickwinkel des Anderen immer auch eine Revision nahelegen können. Aus einer Heidelberger Preisträgerschule, der Waldparkschule, wird hierzu berichtet: »Auch die Ergebnissicherung kann in die Hände der Schüler*innen gelegt werden. Sie bereiten hierzu Karten vor, clustern diese während des gemeinsamen Gesprächs, das abschließend in Form eines Fotoprotokolls dokumentiert wird. All das können die Heranwachsenden deshalb so gut, weil sie durch das Coaching wöchentlich in eine Reflexionsspirale gebracht werden und immer sehr genau wissen, wo sie stehen und was ihre aktuellen Herausforderungen sind« (Engelhardt, 2020, S. 25).

Was in Begleit- und Entwicklungsgesprächen kommunikativ eingeübt wird, kann dann in Beurteilungsgesprächen zum Nachvollzug von Noten führen, zugleich aber auch deren Aussagekraft differenziert befragen. Das benötigt die Reflexion über die den Leistungsurteilen zugrundeliegenden Kriterien und möglicher Beurteilungsfehler. Es eröffnet sich damit zugleich die Möglichkeit für die Schüler*innen, im Blick auf die getroffene Notenentscheidung kritisch nachzufragen: Wie groß ist der Anteil fachlicher Zertifikate, wie groß der Anteil meiner Lernanstrengungen? Wie steht dieses im Verhältnis zu den anderen Standards/Normen der Beurteilung? Welche Folgen tragen die Noten für mein zukünftiges Lernen und Arbeiten im Fach?

Mit Forschung Leistungsbeurteilung entwickeln

Wie in so manchen Feldern der praktischen Pädagogik kann man feststellen, dass in der Schulwirklichkeit eine Praxis der Reform anzutreffen ist, die nach einer forschungsbasierten Belegbarkeit verlangt. Bisher erbrachte empirische Evidenz zeigt auf, dass Instrumente und Verfahren der Leistungsrückmeldung, die den Lernprozess statt lediglich das Lernprodukt in den Blick nehmen, sich als förderlich für den Lernerfolg von Schüler*innen erweisen (z. B. Hattie & Timperley, 2007; Shute, 2008). Diese Feststellung muss für die verschiedenen Stufen des Bildungswesens differenziert betrachtet werden. In der Primarschule gibt es bereits langjährige Erfahrung im Umgang mit verbaler Lernbegleitung und Zeugnisgebung. Das nimmt in den Schulen der Sekundarstufe I ab und ist in den Schulen der Sekundarstufe II noch weniger verbreitet und verhält sich umgekehrt proportional zur Einwirkung des Berechtigungswesens – also der mit Zeugnissen und Zertifikaten erworbenen Anrechte auf weiterführende Bildungswege oder gar ein Studium, allesamt staatlich finanzierte Qualifizierungsgänge – auf die Frage der Leistungsbeurteilung. Man könnte sagen: Je stärker die meritokratische Bindung der Schule, die durch das im deutschen Bildungssystem prägende Berechtigungswesen maßgeblich überformt ist, auf die Lernbiographien der Schüler*innen durchschlägt, desto geringer wird der mögliche Einfluss durch eine lernförderliche Praxisreflexion über die Leistungsbeurteilung bei den Lehrer*innen.

Im Blick auf Verbreitung und Anwendung ist eine breite Qualitätsoffensive unumgänglich: »Befunde aus Deutschland liefern ein ähnliches Bild und belegen auch hier, dass es vielen Lehrkräften schwerfällt, den Unterricht und die Leistungsbeurteilung lernförderlich zu gestalten, etwa durch einen transparenten Umgang mit Lernzielen oder formative Rückmeldungen (Kobarg [u.a.], 2011). So zeigen Klieme und Kollegen (2010) im Rahmen des groß angelegten, mehrjährigen Forschungsprojekts »Conditions and Consequences of Classroom Assessment« (Co²CA), dass im Unterricht der 9. Klassenstufe nur sehr selten partizipative Formen der Leistungsbeurteilung eingesetzt werden. Eine Selbstbeurteilung der Lernenden oder der Einsatz von Portfolios und Lerntagebüchern fand in den untersuchten Klassen kaum statt. Auch die Transparenz der Beurteilungskriterien war in der Studie sehr gering: Die meisten Lehrer*innen gaben an, die Kriterien vor Prüfungen oder

Schularbeiten nicht bekannt zu geben« (Beutel, Marx & Pant, 2022, S. 263).

Ungeachtet des vorhandenen Reservoirs an Konzepten und Evaluationsstudien des Deutschen Schulpreises hat sich bisher kein darauf bezogenes Forschungsprogramm etablieren lassen. Ein solches sollte insbesondere die Schüler*innen und die Elternschaft einbeziehen. Das hat seinen Grund darin, dass die Lernenden und deren Eltern in erster Linie auf eine darin liegende Möglichkeit zur Lernberatung und zur Verbesserung von Schullaufbahnen reagieren können und – als die unmittelbar Schule konstituierenden Gruppen – darauf auch den ersten Anspruch haben sollten. Hinzu kommt, dass eine solche Form der Leistungsbeurteilung zugleich eine elementare Einübung in Kommunikation, zugrundeliegende Normen von Leistung und Lernen, Formen von Anerkennung und Motivation, aber auch in Formen des produktiven Umgangs mit Kritik und Korrektur darstellt, der über die Lernsituation der einzelnen Schüler*innen in ihrer Schule hinausweist – wir lernen durch das System der Leistungsbeurteilung eben auch Grundstrukturen der arbeitsteiligen Wirtschaft und persönlichen Reproduktionsbedingungen in der kapitalistischen Moderne. Denn damit sind kulturelle Aspekte der Anerkennung und Individualisierung durch Lernen und Leistung verbunden. Zugleich ist damit eine für Individualisierung notwendige Bindung von Möglichkeiten entschärft, die umgekehrt darin liegen könnte, Lebenschancen und Laufbahnerwartungen durch die Lernenden selbst stärker und substanziell zu beeinflussen. Insofern sind die überfälligen Anstrengungen, der Reform von Leistungsbeurteilung insbesondere in der Sekundarstufe mehr Geltung zu verschaffen, auf eine langfristig beitragende Forschung angewiesen. Dies schließt auch vergleichende Untersuchungen zur Wirkungstiefe differenzierender Leistungsbeurteilung zwischen den Schulstufen und Schularten ein. Und es benötigt zudem einen empirischen Blick auf die bildungsbiographischen Laufbahnen. Solche Forschungsleistungen müssen jedoch auch aus den Interessenkonflikten der Bildungspolitik herausgehalten werden.

Es ist festzustellen, dass es in dem inzwischen ausdifferenzierten Spektrum empirischer Bildungsforschung einige Untersuchungen gibt, die sich mit Fragen der Leistungseffizienz von Schule und Unterricht befassen. Zugleich erwächst daraus die Aufgabe, diese Forschungen der Schulpraxis und der Lehrer*innenschaft zugänglich zu machen sowie Antworten auf deren Anwendungsfragen und Professionalisierungserfordernisse zu geben. Genau an dieser Stelle ist eine große Vermittlungsleistung dringlich erforderlich, wenn Forschung zu beidem beitragen soll: zur Differenzierung und Individualisierung von schulischem Lernen in Anerkennung der Verschiedenheit der Lernenden – also letztlich zu Integration und Inklusion als zentraler Aufgabe und zur Effizienzsteigerung des Bildungswesens insgesamt. Schließlich könnte das auch ein Beitrag dazu sein, dass Schulen im Einzelfall mit Lernen, Leistung und einer nachvollziehbaren Form von Anerkennungen und Berechtigungen Akzeptanz bei den Schüler*innen, der Elternschaft sowie in Wirtschaft und öffentlichem Leben finden; das gilt unter anderem auch für die späteren Arbeitgeber nach der Ausbildungsphase.

4 Perspektiven für die Praxis: Spielräume nutzen

Die in Schulgesetzen, Verordnungen und Erlassen der Bundesländer festgeschriebenen Vorgaben bieten Spielräume für eine Veränderung der Leistungsbeurteilung. Die individuelle Förderung der Schüler*innen wird dort postuliert, Lernausgangslage und Lernfortschritt als Grundlage der Leistungsbeurteilung festgeschrieben; diese soll lernförderlich sein, ermutigen und eine Stärkenorientierung beinhalten. Einige Beispiele belegen dies[1]:

In einer Handreichung für bayerische Mittelschulen findet sich die Formulierung: »Der pädagogische Leistungsbegriff orientiert sich am individuellen Lern- und Entwicklungsprozess der Schülerinnen und Schüler. Im Fokus der Leistung stehen der Lernfortschritt sowie der individuelle Lernerfolg von der persönlichen Ausgangssituation zum Lernergebnis.« Es folgt eine Beschreibung dessen, was den Leistungsbegriff kennzeichnet, die geradezu nach einer Abkehr von Ziffernbeurteilungen ruft (Bayerisches Staatsministerium für Bildung und Kultus, 2017, S. 6). Im Saarland soll die Leistungsbeurteilung eine »ermutigende Perspektive für die weitere Lernentwicklung« bieten (Erlass zur Leistungsbewertung in den Schulen des Saarlandes, 2017, S. 4).

In Hessen soll »das Vertrauen des Kindes in die eigenen

1 Die im Folgenden angeführten Zitate stammen aus den Fassungen vom Dezember 2020.

Fähigkeiten gestärkt« werden und »eine ermutigende Perspektive für die weitere Entwicklung« bieten (VOBGM, § 14 (1); VOGSV, §26). In Hamburg ist »individuelle Förderung [...] Unterrichtsprinzip in allen Schulformen und Jahrgangsstufen« (APO, S. 8).

Diese Formulierungen sind Entwicklungsauftrag und Verpflichtung für Schulen.

Aktuelle Regelungen im föderalen Bildungssystem nutzen

Eine Sichtung der gesetzlichen Vorgaben zeigt, dass es in jedem Bundesland Möglichkeiten für Schulen gibt, in Zusammenarbeit mit Eltern und Schüler*innen ein gerechteres Beurteilungswesen zu entwickeln. Vollständig gerecht kann es nicht sein, da die verschiedensten Faktoren die Beurteilung durch Lehrkräfte beeinflussen (Pant, 2020, S. 37–42). Hamburg hat 2008 den Schulversuch *alles»könner* mit dem Auftrag, alternative Zeugnisformen zu Notenzeugnissen zu entwickeln, ins Leben gerufen. Zwangsläufig war damit die Entwicklung von neuen Unterrichtsmodellen verbunden.

In den Schulgesetzen fast aller Bundesländer ist ebenfalls die Möglichkeit zur Abweichung von Ziffernnoten gegeben. Sie gehen dabei unterschiedlich weit, von der Ergänzung von Ziffernnoten für einzelne Jahrgänge bis hin zu deren Ersatz (Hessen: VOBGM, §14, 3, Hessisches Schulgesetz, §17,3 und §73 (1) und (6), Berlin: Schulgesetz §58 (3) und §58 (4) sowie GSVO §19). Selbst in Bayern, dem Bundesland, das gemeinhin als das Land mit den diesbezüglich geringsten Handlungsmöglichkeiten erscheint, gibt es Spielräume über die Grundschule hinaus: In der Mittelschule kann die Lehrerkonferenz entscheiden, »dass in begründeten Einzelfällen aus pädagogischen Gründen die Bewertung der Leistungen durch Noten vorübergehend ausgesetzt wird« (Bayerisches Staatsministerium für Unterricht und Kultus, 2020, §13 (2)). Der Ersatz des Zwischenzeugnisses durch ein Lernentwicklungsgespräch ist möglich, unter bestimmten Voraussetzungen sogar bis einschließlich Jahrgang 9 (§18 (9), (10)). In der Lehrer*innenausbildung dieses Bundeslandes ist vorgesehen, dass bei der Leistungsbeurteilung die Lernausgangslage und der individuelle Lernfortschritt eines Kindes berücksichtigt werden müssen (Bayerisches Staatsministerium für Unterricht und Kultus (2011, Punkt 3).

In Thüringen kann »durch Rechtsverordnung [...] vorgesehen werden, dass in bestimmten Klassenstufen oder Schularten die Noten durch eine verbale Leistungseinschätzung oder ein Punktsystem ergänzt oder ersetzt werden« (ThürSchulG, §48 (2)). In Schleswig-Holstein wurden zwar im Schuljahr 2018/19 Noten wieder verbindlich auch für die Grundschule eingeführt. Allerdings können die Schulkonferenzen »mit einfacher Mehrheit Berichtszeugnisse statt Notenzeugnisse« beschließen (Staatskanzlei Schleswig-Holstein, o. J.). In Mecklenburg-Vorpommern ist mit dem neuen Schulgesetz auf Schulkonferenzbeschluss die Einrichtung von jahrgangsübergreifenden Lerngruppen auch in weiterführenden Schulen möglich (Ministerium für Bildung, Wissenschaft und Kultur, 2020, Spiegelstrich 6). Das heißt in der Konsequenz, dass Leistungsbeurteilung mit Ziffern nicht möglich ist.

Mit diesen Vorlagen besteht eine gute Möglichkeit, sowohl den Eltern als auch der Schuladministration die Überlegenheit einer differenzierten Verbalbeurteilung gegenüber Ziffernnoten deutlich zu machen.

Alternativen erproben

In den Schulgesetzen sind Schulversuche »zur Entwicklung und Erprobung neuer pädagogischer und schulorganisatorischer Erkenntnisse« (SchG Baden-Württemberg, §22 (1)) vorgesehen, die explizit oder implizit alternative Bewertungs- und Prüfungsformen als Möglichkeit einschließen (Brandenburg: BbgSchulG, §58 (1), Sachsen: SächsSchulG, §15 (1)). In Nordrhein-Westfalen findet derzeit noch der Schulversuch PRIMUS statt, in dem das längere gemeinsame Lernen an ausgewählten Schulen erprobt wird sowie auch »alternative Formen der Leistungsbeurteilung unter Einschluss der Möglichkeit eines Verzichts auf Ziffernnoten bis einschließlich Klasse 8« (Schulministerium NRW, 2017, S. 2). In Bayern können Schulen sog. MODUS-Schulen (MODell Unternehmen Schule) werden und damit von der Schulordnung abweichen (BayEUG, Abschnitt 12). Dies umfasst auch den Bereich Unterrichtsentwicklung, womit sich zwangsläufig die Frage nach einer veränderten Leistungsbeurteilung stellt.

Voraussetzung für die Durchführung von Schulversuchen ist eine Konzeption, die Beteiligung der Schulkonferenzen und eine Ziel- und Leistungsvereinbarung mit der Behörde (z.B. Bremisches Schulgesetz, §13 (3), Sachsen: SächsSchulG, §15 (1)).

Was sollte eine Schule davon abhalten, sich um einen Schulversuch zu bewerben, wenn sie ein gutes Konzept zur Veränderung der Form der Leistungsbeurteilung hin zu einem gerechteren System als dem der Ziffernbewertung hat und dies überzeugend darstellen kann? Eine Schulleitung, die eine entsprechende Schulentwicklung aktiv vorantreibt, kann im Zusammenwirken mit den Akteur*innen (Lehrkräfte, Schüler*innen, Eltern) viel bewegen. Beispiele von Schulen in ganz Deutschland, etwa den in *BüZ* organisierten oder den auf der Plattform der Deutschen Schulakademie und des Deutschen Schulportals einsehbaren, beweisen, dass diese Umstellung gelingt und zu einer größeren Zufriedenheit bei allen Beteiligten führt. So zeigt die Eltern-, Schüler*innen- und Lehrer*innenbefragung im Rahmen der Evaluation des Schulversuchs *alles»könner* in Hamburg das große Einverständnis mit ziffernfreien Zeugnissen. Die hier gestellten Fragen können Schulen, die Ziffernbeurteilungen erteilen, als Vorlage für eine eigene Befragung dienen (Möller [u. a.], 2014, Punkt 5.4). Die erarbeitete Checkliste für »Lernförderliche Zeugnisse an inklusiven Schulen« bietet eine gute Grundlage für eine Veränderung der Leistungsbeurteilung in den Schulen auch anderer Bundesländer (Hamburg: Behörde für Schule und Berufsbildung, o. J., Punkt 8.1–2).

Eltern- und Schüler*innenbeteiligung gewährleisten

Da Eltern ein in Gesetzen und Verordnungen festgeschriebenes Recht auf aussagekräftige Rückmeldungen zum Lernfortschritt und zum Leistungsstand ihres Kindes haben, müssen sie an einem möglichen Veränderungsprozess aktiv beteiligt oder zumindest regelmäßig umfassend informiert werden. Das Recht auf aktive Mitwirkung bei einem Veränderungsprozess ist zwar nicht überall festgeschrieben. Zumindest aber über die Repräsentation der Eltern in den Schulkonferenzen, die über Veränderungsprozesse in der jeweiligen Schule entscheiden, besteht eine aktive Mitwirkungsmöglichkeit. Die Erfahrung der Autorinnen zeigt, dass Eltern wie auch Schüler*innen dann wertvolle Beiträge aus ihrem Blickwinkel in Schulentwicklungsprozesse einbringen, wenn sie ernsthaft beteiligt werden, insbesondere im Bereich der Leistungsbeurteilung, denn sie sind die Betroffenen. Gleichzeitig sind sie eine große Unterstützung bei der evtl. nötigen Überzeugungsarbeit gegenüber der übergeordneten Schuladministration.

In Hamburg haben Schulen im Rahmen des Schulversuchs *alles»könner* gute Erfahrungen damit sammeln können, dass Eltern und Schüler*innen aktive Mitglieder von Unterrichtsentwicklungsgruppen und damit auch an der Entwicklung alternativer Zeugnisse beteiligt sind.

Von Praxisbeispielen lernen

In den vorangegangenen Kapiteln sind viele Schulen mit Beispielen benannt, die ihre Arbeitsweise, den Unterricht und auch die Leistungsbeurteilung verändert haben. Mindestens existiert dort neben dem Notensystem ein erläuterndes System, das die Schüler*innen als gleichberechtigt versteht und mit dem nicht nur eine Leistungs*rückmeldung* erfolgt, sondern eine dialogische Lernbegleitung und Lern-*reflexion* mit den Schüler*innen und ggf. Eltern praktiziert wird.

Im Folgenden stellen wir die Stadtteilschule Winterhude – Winterhuder Reformschule in Hamburg ausführlicher vor. Sie ist sehr radikale Schritte in der Schulentwicklung gegangen und betreibt seit Jahren eine notenfreie Leistungsbeurteilung bis einschließlich der Jahrgangsstufe 8.

Es handelt sich um eine Langformschule von der Vorschule bis zum Abitur, an der alle Abschlüsse erworben werden können. Die Schule hat konsequent altersgemischte Klassen in den Jahrgängen 0–4, 5–7 und 8–10. In der Oberstufe wird punktuell in Jahrgangsmischung gearbeitet (Xylander, 2019). Zum Prinzip der Schule gehört es, dass sie sich ständig weiterentwickelt und an der Anpassung an neue Erfordernisse arbeitet. So hat sie während der Coronakrise die »Digitalität« weiter vorangetrieben, wovon die digitale Durchführung des Tages der offenen Tür ein sehr eindrucksvolles Beispiel liefert. Es konnten an diesem Tag direkte Gespräche mit Lehrenden, Schulleitungsmitgliedern und nicht zuletzt Schüler*innen und Eltern geführt werden, alle Unterrichtsbereiche und die Charakteristika jeder Stufe werden hier ausführlich erläutert (https://www.tag-der-offenen-wir.de).

In Anlehnung an die Reformbewegungen zu Beginn des letzten Jahrhunderts ist ein zentrales Motto der Schule: Die Schule vom Kind aus denken (Stiewe, 2014). Die Lehrenden arbeiten in multiprofessionellen Teams mit wöchentlichen Sitzungen.

Kennzeichen des Unterrichts und des Schullebens sind seit dem Jahr 2003 die Schwerpunktsetzung auf Projektunterricht (Xylander & Heusler 2008), fächerübergreifendes Arbeiten, Inklusion, Selbstbestimmung der Schüler*innen unter Beratung durch die Lehrenden, Verantwortungsübernahme der Schüler*innen, Lernen im eigenen Tempo, Rhythmus und Interesse, dialogische Lernreflexion, verbunden mit einer ziffernfreien, auf dem persönlichen und an den Voraussetzungen jedes und jeder Einzelnen gemessenen Lernfortschritt basierende Leistungsbeurteilung, große Mitwirkungs- und Gestaltungsmöglichkeit der gesamten Schulgemeinschaft auf der Lernebene, der Unterrichtsebene und auf der Schulentwicklungsebene. Verantwortungsübernahme und demokratisches Handeln wird in allen Stufen auf vielfältige Weise eingeübt: Die Projekte werden weitgehend von den Schüler*innen gemeinsam bestimmt und entwickelt, die Arbeit an fachlichen Inhalten, die Reihenfolge der Bearbeitung sowie die Art und den Zeitpunkt der Beweisführung über das Gelernte bestimmt jede*r einzelne Schüler*in unter Beratung (und mit Ansporn) durch die Lehrenden, Kriterien für die Leistungsbeurteilung werden von den Schüler*innen mitentwickelt (Beutel & Beutel, 2014). Die Beteiligungsmöglichkeiten an Unterrichts- und Schulentwicklung reichen vom Klassenrat über Beratungsgespräche in den Teams aus jeweils vier Klassen einer Stufe, regelmäßige Treffen der Klassensprecher*innen mit den Abteilungsleitungen bis hin zur Mitwirkung in Schulentwicklungsgruppen.

In Projekten lernen

Der Projektunterricht, in dem die Arbeit in der Gruppe gelebt wird, ist in allen Stufen im Wochenstundenplan verankert, daneben gibt es Projektwochen. Der übliche Fächerkanon und der 45-Minuten-Rhythmus sind zugunsten von Lernbereichen wie »KuBa« (»Kulturelle Basis«, d. h. selbstgesteuerter Erwerb von Basiswissen in Deutsch, Mathematik, Englisch, Gesellschafts- und Naturwissenschaften), Arbeitszeit, Projekt, Werkstatt aufgelöst. Hier werden Fachinhalte produktiv verknüpft, und ein vernetztes Lernen kann stattfinden. Die besonderen, von außen vorgegebenen Voraussetzungen für den Erwerb des Abiturs bedingen in der Oberstufe eine stärkere Aufsplittung des Unterrichts in die traditionellen Fächer. Über die gesamten drei Jahre der Oberstufe wird aber in der Unterrichtsorganisation der Schwerpunktsetzung auf Projektarbeit Rechnung getragen. In teilweise stufenübergreifenden Projekten z. B. während der ersten drei Wochen im Schuljahr zeigen sich die Stärken der Altersmischung. Zu dieser Zeit finden in der Stufe 8–10 die »Herausforderungen« statt (s. Webseite der Stadtteilschule Winterhude – Winterhuder Reformschule: https://www.sts-winterhude.de/herausforderungen). Die Schüler*innen verlassen insgesamt dreimal in ihrem Schulleben am Anfang des Schuljahres die Schule, um außerhalb ihre eigenen (vermeintlichen) Grenzen kennenzulernen und die Erfahrung zu machen, dass sie sie überwinden können. So wie auch in der Projektarbeit lernen die Schüler*innen nicht nur *für* das Leben, sondern *im* Leben. Beispiele und Begründungen finden sich auf der Homepage der Schule sowie in verschiedenen Veröffentlichungen

(Butt, 2014; Hofmann & Xylander, 2017). Auch hier spielt das Motto »Die Schule vom Kind aus denken« eine Rolle: Für Jugendliche in diesem Alter sind die Anforderungen der Schule künstlich, sie kommen in die Schule, um Freunde zu treffen, schulisches Lernen wird als »notwendiges Übel« akzeptiert (oder auch nicht). Die Herausforderungen sind wahre Erprobungen, insbesondere dann, wenn sie weit weg von zu Hause stattfinden und/oder ein völlig anderes Lernen praktizieren als in der Schule normalerweise üblich. Das Beispiel »Die Heilanstalt« zeigt dies besonders eindrucksvoll (Gregor, Vogel & Xylander, 2019). Sie sind zudem ein weiteres Beispiel für Partizipation und damit Demokratieerfahrung in der Schule (Xylander, 2020).

Während dieser ersten drei Schuljahreswochen werden, neben der Arbeit an Projekten, die neuen Schüler*innen vor allem durch ihre Mitschüler*innen in ihrer altersgemischten Klasse in die Besonderheiten ihrer jeweiligen Stufe eingeführt. Sie kennen sich bestens in den Arbeitsweisen und Inhalten aus und können sich in die Neuankömmlinge besser hineinversetzen als manche*r Lehrer*in, so wie sie auch häufig Inhalte so erklären können, dass sie ein anderes Kind gut versteht.

In jeder Projektphase stellen die Schüler*innen in ihrer Gruppe Thesen zu ihrem Thema auf, sie forschen insbesondere außerhalb der Schule, lassen sich von Expert*innen beraten, erarbeiten ein Produkt und bereiten eine Präsentation vor. Die Präsentation wird schließlich vorzugsweise nicht in der eigenen Lerngruppe gehalten, sondern in einer anderen Jahrgangsstufe, vor Eltern oder schulfremdem Publikum. Auch dies ist eine besondere Herausforderung, denn eine Präsentation etwa durch Oberstufenschüler*innen vor Primarstufenschüler*innen muss sprachlich so konzipiert sein, dass sie auch verstanden wird. Umgekehrt müssen sich jüngere Schüler*innen, die vor älteren präsentieren, gut überlegen, wie sie ihre Präsentation so attraktiv gestalten, dass sie die Älteren nicht langweilen. So schult die Projektarbeit in vielen Facetten: Die Arbeit im Team mit den notwendigen Einigungsprozessen, das inhaltlich-fachliche Lernen, das Lernen mit Kopf, Herz und Hand, die sprachlichen Fähigkeiten, das (richtige) Schreiben etc. Die Motivation ist hier besonders hoch, da die Arbeit sowohl an den Interessen der Schüler*innen anknüpft als auch an ihrem jeweiligen Leistungsstand und -vermögen; alle Schüler*innen haben Erfolgserlebnisse und beheben Wissenslücken. So wird Inklusion gelebt.

Die Leistungsbeurteilung erfolgt auf vielfältige Weise: durch das Feedback im Team während der Erarbeitungsphase, das Feedback der Teilnehmer*innen an der Präsentation und selbstverständlich auch durch die Lehrer*innen.

Dialogische Lernreflexion mit Instrumenten absichern

Bis einschließlich Jahrgang 8 werden keine Ziffernbeurteilungen vergeben. Stattdessen finden regelmäßig ca. einmal im Monat Planungsgespräche der Schüler*innen mit ihren Lerngruppenleiter*innen, teilweise auch mit Mitschüler*innen, im Einzel- oder Kleingruppengespräch statt. Die Schüler*innen legen ihr Logbuch als Heft oder digital vor, erläutern, woran sie gearbeitet haben, wie sie vorangekommen sind, welche Erfolge und Hindernisse es gab und was sie als Nächstes zu bearbeiten planen. Die Lehrer*in stellt

Nachfragen, berät, bietet Hilfestellung an. Hier geht es erklärtermaßen nicht darum, eine Bewertung in Form einer Ziffer abzugeben, sondern es geht um den Lernfortschritt, den jedes einzelne Kind gemacht hat. Es geht nicht um den »Stoff«, der »vermittelt« werden muss, sondern neben den Inhalten um das Lernen an sich. Die Stärkenorientierung und die Erfahrung von Erfolg, die stolz macht und Ansporn für weiteres Arbeiten ist, stehen im Vordergrund (https://www.tag-der-offenen-wir.de). Dabei spielt auch die Anerkennung von außerhalb der Schule und des Unterrichts erworbenen Kenntnissen und Kompetenzen eine Rolle. Sie werden in die Besprechung einbezogen. Es geht keine wertvolle Lernzeit dadurch verloren, dass Schüler*innen etwas »lernen« müssen, was sie schon können, weil es gerade für alle »dran« ist. Selbstverständlich muss die Lehrkraft die Unterrichtsziele im Blick haben, um wirkungsvoll beraten zu können. Selbstverständlich muss sie auch Anforderungen stellen, allerdings Anforderungen, die sich an den Fähigkeiten des jeweiligen Kindes orientieren, also erfüllbar sind, aber auch genügend Anreiz zum Weiterlernen bieten.

Zweimal jährlich mindestens kommen die Eltern ins Spiel: während der Bilanz- und Zielgespräche. Die Teilnahme daran ist verpflichtend, die Vorbereitung darauf findet mithilfe von Bilanzbögen der jeweiligen Schüler*in statt (Xylander & Heusler, 2007). Auch hier soll das Kind zunächst das Wort haben und auch das Schlussfazit, die Zielsetzung für die nächsten Monate, ziehen. Auch hier gibt es keine Noten, wohl aber mit wachsendem Alter Orientierung durch die Lehrer*in, welcher Abschluss bei welchem Lernverhalten und -fortschritt erreichbar ist.

Diese Art der Lernbegleitung unterstützt die Lernmotivation der Schüler*innen. Sie lernen nicht für eine Klassenarbeit, sondern weil sie selbst Neues erfahren und lernen wollen. Damit ist eine Nachhaltigkeit des Gelernten gewährleistet.

Am Ende des Schuljahres, in Jahrgang 4 und ab Jahrgang 9 auch nach dem ersten Schulhalbjahr, werden Zeugnisse erstellt. Bis einschließlich Jahrgang 8 gibt es keine Ziffernzeugnisse, sondern sehr differenzierte, am Kompetenzerwerb orientierte Zeugnisse, die z. B. in der Primarstufe in Balkenform den Lernfortschritt und den zu erreichenden Lernstand am Ende einer Phase, z. B. Jahrgang 4, dem Ende der Grundschulzeit in Hamburg, aufzeigen. Die Schule arbeitet daran, die Erstellung von Zeugnissen durch sogenannte Seekarten überflüssig zu machen. Auf diesen Seekarten wird der individuelle Lernweg eingetragen. Bei konsequentem Führen der Karten ist ein Zeugnis am Ende des Schuljahres auch bei einem Schulwechsel nicht erforderlich, da sie viel aussagekräftiger sind als jede Ziffer. Die digitale Fassung verhindert Zettelwirtschaft und Zerfleddern der Karten.

Mit der vorgegebenen Einführung von Ziffernnoten in Jahrgang 9 hält das Konkurrenzdenken Einzug. Damit weiterhin das eigene Vorankommen im Vordergrund des Tuns steht, sind die genannten Elemente der Lernbegleitung bis hin zum Abitur von großer Bedeutung.

Schule gemeinsam schrittweise entwickeln

Die Schule hat ihr System nicht von heute auf morgen im Hauruckverfahren verändert, sondern mit dem Jahrgang 5 der damals sehr schwach angewählten, nur die Jahrgänge 5 bis 10 umfassenden Gesamtschule begonnen. Das Konzept wurde über mehrere Jahre von der Veränderung der Unterrichtsstruktur über die Einführung der Jahrgangsmischung, die Erweiterung um die Primar- und die Oberstufe bis hin zur besonderen Art der Lernbegleitung und Leistungsbeurteilung umgesetzt.

Die Noten wurden nicht sofort abgeschafft, aber es wurden sofort Planungs- sowie Bilanz- und Zielgespräche eingeführt. Die Eltern wurden über jeden Schritt sehr umfassend auf Elternabenden informiert und um ihre Meinung dazu befragt. Ihre Anregungen wurden, wo sinnvoll, aufgenommen. Schrittweise wurde die Jahrgangsmischung eingeführt, die Stufe 8–10 verändert. Äußere Veränderungen der Schulen in ganz Hamburg entsprachen häufig dem, was die Schule selbst wollte, machten aber immer wieder Anpassungen nötig: die Einführung der Ganztagsschule, die Abschaffung der Haupt- und Realschulen und damit die Gründung der »Stadtteilschulen« mit eigener Oberstufe, die Einführung der Inklusion. Mit der Fusion mit der benachbarten Grundschule wurde die Schule zur Langformschule.

Die Schule wuchs zusehends, fast jedes Jahr kamen neue Herausforderungen und auch Krisensituationen dazu. Selbstverständlich kam es auch immer wieder zu Konflikten, Lehrkräfte verließen die Schule, neue kamen dazu. Sie durchlaufen eine schulinterne Fortbildung.

In verschiedenen Schulentwicklungsgruppen, u.a. in der AG Lernreflexion, wurden Beschlussvorlagen für Entwicklungsschritte erarbeitet. In ihnen waren alle Teams der Schule vertreten und immer auch Eltern und Schüler*innen. Ihre Beiträge waren zusammen mit denen der »Professionellen« Voraussetzung und Gewähr für die Akzeptanz in der gesamten Schulgemeinde. Eltern und Schüler*innen wirken als gleichberechtigter Teil der Unterrichts- und Schulentwicklung mit, werden nicht nur informiert und vor vollendete Tatsachen gestellt. Auch auf diese Weise setzt die Schule ihre Stärkenorientierung um und schult demokratisches Handeln sowie die Argumentations-, Präsentations- und Diskussionsfähigkeit bei allen Beteiligten. Alles in diesen Gruppen Erarbeitete wurde in Lehrer*innenkonferenzen, auf Eltern- und auf Schüler*innenversammlungen diskutiert. Letztendlich hatte jeweils die Schulkonferenz das letzte Wort.

Von anderen lernen, Eigenes entwickeln

In den ersten Jahren führten die Lehrer*innen, das Schulleitungsteam, Schüler*innen und Eltern viele Besuche an Schulen im In- und Ausland durch, um dort Anregungen zu erhalten. In allen Entwicklungsphasen hatte die Schule externe Begleitungen: die Konzept-, Steuer- und Schulentwicklungsgruppen wurden von externen Moderator*innen begleitet, die Teams (einschl. des Schulleitungsteams) erhielten Coachings, jährlich besuchte eine Gruppe internationaler Expert*innen die Schule, durch *BüZ*-Partnerschulen fanden und finden regelmäßige Peer-Besuche statt, nach der zweimaligen Nominierung für den Deutschen Schulpreis nimmt die Schule an Veranstaltungen der Deutschen Schulakademie teil und erhält eine fachliche Begleitung im Rahmen des Entwicklungsprogramms im Deutschen Schulpreis. Die Beteiligung an den beiden Schulversuchen *d.18 selbstverantwortete Schule* und *alles»könner – Kompetenzen entwickeln* ermöglichte es, das Konzept bei gleichzeitiger Verpflichtung zur Rechenschaftslegung weiterzuentwickeln.

So wie die Winterhuder Reformschule Elemente anderer Schulen aufgenommen und für ihre Schüler*innen passend in ihr System integriert hat, so haben auch andere Schulen die Möglichkeit, sich hier Anregungen zu holen. Im Laufe der Jahre haben andere Schulen Elemente der WI*R für sich angepasst, ohne gleich das große Ganze zu übernehmen. So führen mittlerweile viele Schulen Herausforderungen in anderer Form durch, so finden regelmäßige Bilanz- und Zielgespräche in anderen Schulen statt und haben diese in Schulgesetze unter der Bezeichnung Lernentwicklungsgespräche Eingang gefunden. So gibt es unterschiedlichste Formen der Lernbegleitung, die auf Besuche in der WI*R zurückzuführen sind (Logbücher gibt es mittlerweile in sehr vielen Schulen. Sie haben oft ein sehr ähnliches Aussehen wie die in Winterhude), und vieles mehr.

Es ist auf andere Schulen übertragbar, wie das System in Winterhude schrittweise über die Jahre neu gestaltet wurde und weiter wird und dabei eine Teamstruktur konsequent nutzt. Es ist übertragbar, wie bestehende und auch nicht vorhandene gesetzliche Vorgaben für die Schulentwicklung genutzt wurden. Entscheidend sind dabei der

Wille zu einer Gestaltung im Sinne der positiven Entwicklung der Schüler*innen sowie der Kolleg*innen, die dies aktiv in die Hand nehmen, die Beteiligungsmöglichkeit der Eltern und nicht zuletzt die Beteiligung der Schüler*innen und seien sie noch so jung. Entscheidend ist ebenso die Haltung der Schulleitung, die klar Position beziehen, mit Zeit und Ressourcen unterstützen und im Zweifelsfall gegenüber der Schuladministration den Rücken freihalten muss. Auch eine externe Unterstützung in Form von Prozessbegleitung und Beratung durch kritische Freunde sowie das Sichtbarmachen von Erfahrungen anderer Schulen und nicht zuletzt die Teilnahme an Schulentwicklungsveranstaltungen, wie etwa den Werkstätten der Deutschen Schulakademie oder im Netzwerk *BüZ*, helfen bei der Entwicklung.

Der Versuch einer Eins-zu-eins-Übertragung von Elementen des Schulkonzepts auf andere Schulen kann nicht funktionieren – zu unterschiedlich sind die jeweiligen äußeren und inneren Bedingungen. Aber so, wie in Winterhude die Noten erst nach und nach abgeschafft werden konnten, zugleich dennoch und zunächst Möglichkeiten geschaffen wurden, ein gerechteres Beurteilungssystem daneben zu praktizieren, so kann das auch jede andere Schule unter ihren Bedingungen tun.

Ein Blick in die Gesetze und Verordnungen des jeweiligen Bundeslandes zeigt, dass überall Veränderungen an Schulen umsetzbar sind, wenn sie gut begründet werden. Es zeigt auch, dass unterhalb der administrativen »Erlaubnis« Möglichkeiten zur Erprobung bestehen, deren Ergebnis dann als Beleg dafür dienen kann, dass eine Veränderung verankert werden sollte. Die Frage, ob man etwas darf, muss nicht am Anfang des Tuns stehen. Und: In Winterhude war und ist es ein guter Brauch, das Wörtchen »aber« beim Entwickeln von Visionen zu vermeiden.

Literaturhinweise

Arendt, Hannah (1989): Zur Zeit. Politische Essays. Hrsg. von Marie Luise Knott. Übers. von Eike Geisel. München: dtv.

Becker, Rolf (2014): Entwicklung des deutschen Bildungssystems im Überblick. In: Bundeszentrale für politische Bildung / Wissenschaftszentrum Berlin für Sozialforschung (Hrsg.): Dossier Bildung. Verfügbar unter: https://www.bpb.de/gesellschaft/bildung/zukunft-bildung/194145/ueberblick

Beutel, Silvia-Iris / Beutel, Wolfgang (2014): Demokratie erfahren in Lernbegleitung und Leistungsbeurteilung. Wie kann Leistungsbeurteilung zu einem Teil partizipativen Lernens werden? In: Pädagogik 66. H. 11. S. 34–37.

– / Beutel, Wolfgang (Hrsg.) (2014): Individuelle Lernbegleitung und Leistungsbeurteilung. Lernförderung und Schulqualität an Schulen des Deutschen Schulpreises. Schwalbach: Wochenschau Verlag.

– / Blum, Elke (2019): Ohne Noten [Themenheft] (Gesamtmoderation). Gemeinsam Lernen. Zeitschrift für Schule, Pädagogik und Gesellschaft 5. H. 3.

– / Pant, Hans Anand (2020): Lernen ohne Noten. Alternative Konzepte der Leistungsbeurteilung. Stuttgart: Kohlhammer.

– / Bondick, Regine / Xylander, Birgit (2019): Jenseits von Noten. In: Freunde und Förderer der Winterhuder Reformschule e. V. (Hrsg.): Ziele,Wege, Unruhe. Hamburg: Freunde und Förderer der Winterhuder Reformschule e. V. S. 10–17.

– / Marx, Alexandra / Pant, Hans Anand (2022): Leistungsbeurteilung im Spannungsfeld von Schulreform und Schulforschung. In: U. Steffen / H. Ditton (Hrsg.): Makroorganisatorische Vorstrukturierungen der Schulgestaltung – Grundlagen der Qualität von Schule. Bd. 5. Münster / New York: Waxmann. S. 253–268.

– [u. a.] (Hrsg.) (2016): Handbuch Gute Schule. Sechs Qualitätsbereiche für eine zukunftsweisende Praxis. Seelze: Klett Kallmeyer.

Blick über den Zaun (BüZ) (2007): Was ist eine gute Schule. Leitbild und Standards. Verfügbar unter: https://www.blickueberden-zaun.de/wp-content/uploads/2019/05/B%C3%BCZ_Was-ist-eine-gute-Schule-Leitbild-und-Standards.pdf

Butt, Holger (2014): Vom exotischen Highlight zum Normalfall. Erfahrungen mit dem Schulkonzept »Herausforderungen«. In: Pädagogik 66. H. 7/8. S. 8–11.

CosmosDirekt (2020): Aktuelle Umfrage: Klimawandel: größte Herausforderung der kommenden 20 Jahre. In: Presseportal. Verfügbar unter: https://www.presseportal.de/pm/63229/4786292

Decker, M. (2020): Der Holocaust ist kein Abziehbild. In: Frankfurter Rundschau. 23. November 2020. S. 5.

Deutsche Telekom Stiftung (Hrsg.) (2020): »Schule zu Hause« in Deutschland. Bestandsaufnahme im Corona-Lockdown aus Perspektive der Schüler/-innen und Eltern. Bonn: Deutsche Telekom Stiftung.

Engelhardt, Thilo (2020): Coaching als Etablierung einer neuen Lern- und Leistungskultur. Ein Bericht aus der Praxis der Waldparkschule Heidelberg. In: Lehren & Lernen 46. H. 3. S. 21–25.

Fauser, Peter (2019): Was ist eine gute Schule? Über die Gleichzeitigkeit des Ungleichzeitigen. In: Marius Harring / Carsten Rohlfs / Michaela Gläser-Zikuda (Hrsg.): Handbuch Schulpädagogik. Münster: Waxmann. S. 889–902.

– / Heller, Friederike / Waldenburger, Ute (Hrsg.) (2015): Verständnisintensives Lernen. Theorie, Erfahrungen, Training. Seelze: Klett Kallmeyer.

Forsa (2020): Das Deutsche Schulbarometer Spezial Corona-Krise. Ergebnisse einer Befragung von Lehrerinnen und Lehrern an allgemeinbildenden Schulen im Auftrag der Robert Bosch Stiftung in Kooperation mit der ZEIT. Berlin: forsa Politik- und Sozialforschung GmbH.

Gagel, Walter (2002): Der lange Weg zur demokratischen Schulstruktur. Politische Bildung in den fünfziger und sechziger Jahren. Bundeszentrale für politische Bildung. In: Aus Politik und Zeitgeschichte B 45. Verfügbar unter: https://www.bpb.de/apuz/26625/der-lange-weg-zur-demokratischen-schulkultur

Geweke, Michaela [u. a.] (2020): »Zu Hause konnte ich das Abitur nicht weitermachen!«. Junge Geflüchtete auf dem Weg zum Abitur am Oberstufen-Kolleg Bielefeld. In: Gemeinsam Lernen 6. H. 1. S. 38–43.

Giordano, Ralph (2007): Erinnerungen eines Davongekommenen. Die Autobiographie. Köln: Kiepenheuer & Witsch.

Gravelaar, Gisela (2012): Lernentwicklungsberichte, eingebettet in das pädagogische Leistungskonzept der Wartburg-Grundschule. In: Christian Fischer (Hrsg.): Diagnose und Förderung statt Notengebung? Problemfelder schulischer Leistungsbeurteilung. Münster [u. a.]: Waxmann. S. 107–113.

Gregor, Markus / Vogel, Matthias / Xylander, Birgit (2019): Die Heilanstalt. Schule und Immersion – Ereignis und Methode. In: Pädagogik 71. H. 2. S. 36–41.

Häcker, Thomas (2020): Schule ohne Noten? Ziffernnoten – hoch akzeptiert und dennoch fragwürdig. In: Schule leiten 19. S. 28–30.

Hattie, John / Timperley, Helen (2007): The Power of Feedback. In: Review of Educational Research 77. H. 1. S. 81–112.

Herrlitz, Hans-Georg [u. a.] (2009): Deutsche Schulgeschichte von 1800 bis zur Gegenwart. Eine Einführung. 5., aktual. Aufl. Weinheim: Beltz Juventa.

Hofmann, Elke / Xylander, Birgit (2017): Herausforderungen an der Stadtteilschule Winterhude – Winterhuder Reformschule. In: Timo Jacobs / Susanne Herker (Hrsg.): Jenaplan-Pädagogik in Konzeption und Praxis. Perspektiven für eine moderne Schule. Ein Werkbuch. Baltmannsweiler: Schneider Verlag Hohengehren. S. 514–524.

Huber, Stephan Gerhard [u. a.] (2020): COVID-19 und aktuelle Herausforderungen in Schule und Bildung. Erste Befunde des Schulbarometers in Deutschland, Österreich und der Schweiz. Münster / New York: Waxmann.

Ingenkamp, Karlheinz (1971): Die Fragwürdigkeit der Zensurengebung. Texte und Untersuchungsberichte. Weinheim / Berlin / Basel: Beltz.

John, Gisela / Frommer, Helmut / Fauser, Peter (Hrsg.) (2008): Ein neuer Jenaplan. Befreiung zum Lernen. Die Jenaplan-Schule. 1991–2007. Seelze: Klett Kallmeyer.

John, Gisela / Müller, Britta (2013): Schülerpartizipation bei der Leistungsbewertung. In: Hans Berkessel [u. a.] (Hrsg.): Jahrbuch Demokratiepädagogik 2013/14. Neue Lernkultur und Genderdemokratie. Schwalbach: Wochenschau. S. 69–82.

Jürgens, Eiko (2020): Aufgaben und Perspektive der Lernprozessdiagnostik. In: Lehren & Lernen 46. H. 3. S. 9–16.

Kästner, Erich (1963): Die kleine Freiheit. Chansons und Prosa. Frankfurt a. M. [u. a.]: Fischer.

Kant, Hermann (2011): Die Aula. 7. Aufl. Berlin: Aufbau Taschenbuch Verlag.

Klieme, Eckhard [u. a.] (2010): Leistungsbeurteilung und Kompetenzmodellierung im Mathematikunterricht. In: Zeitschrift für Pädagogik. 56. Beiheft. S. 64–74.

Kobarg, Mareike [u. a.] (2011): Lernwirksame Unterrichtsbedingungen in der Unterrichtsplanung berücksichtigen. In: Klaus Zierer (Hrsg.): Jahrbuch für Allgemeine Didaktik. Baltmannsweiler: Schneider Verlag Hohengehren. S. 46–58.

Köller, Olaf (2020): Unabsehbare Schäden. Die Generation der Bildungsverlierer. Corona, Schulschließungen und ihre Folgen. In: Frankfurter Allgemeine Zeitung 145. S. 6.

Labusch, Amelie / Eickelmann, Birgit / Conze, Daniela (2020): ICILS 2018 #Transfer. Gestaltung digitaler Schulentwicklung in Deutschland. Münster: Waxmann.

Liessmann, Konrad Paul (2017): Bildung als Provokation. Wien: Paul Zsolnay Verlag.

Lipowsky, Frank (2020): Die neuen Themen des Bereichs Bildung. Lernen des Individuums und Lernen der Organisation. In: Das Magazin 1. S. 38–39. Verfügbar unter: www.bosch-stiftung.de/sites/default/files/publications/pdf/2020-07/Robert_Bosch_Stiftung_Magazin_Digital.pdf

Mann, Thomas (2000): Buddenbrooks. Verfall einer Familie. Roman. 48. Aufl. Frankfurt a. M.: Fischer.

Möller, Jens [u. a.] (2014): Abschlussbericht der Evaluation des Hamburger Schulversuchs alles»könner. Kiel: Christian-Albrechts-Universität zu Kiel. Verfügbar unter: www.hamburg.de/contentblob/4459522/f721876f1694f27d441e0b039cc007e5/data/abschlussbericht-dl.pdf

Naumann, Annelie (2020): »Transnationale, apokalyptisch gesinnte« rechtsextreme Bewegung. In: Die Welt. Verfügbar unter: www.welt.de/politik/deutschland/article220569168/CEP-Studie-Transnationale-apokalyptisch-gesinnte-Rechtsextremisten.html?cid=onsite.onsitesearch

Ortheil, Hans-Josef (2011): Die Erfindung des Lebens. Roman. 11. Aufl. München: btb.

Pant, Hans Anand (2020): Notengebung, Leistungsprinzip und Bildungsgerechtigkeit. In Silvia-Iris Beutel / H. A. P. (Hrsg.): Lernen ohne Noten. Alternative Konzepte der Leistungsbeurteilung. Stuttgart: Kohlhammer. S. 22–56.

– / Pech, Miriam / Schleicher, Andreas (2020): Digitaler Impuls. International: Mehr Eigenverantwortung für Schulen in und nach der Corona-Krise. In: Die Deutsche Schulakademie.Verfügbar unter: www.deutsche-schulakademie.de/programm/digitale-impulse/mehr-eigenverantwortung-fuer-schulen

Pennac, Daniel (2010): Schulkummer. Übers. von Eveline Passet. Köln: Kiepenheuer & Witsch.

Precht, Richard David (2015): Anna, die Schule und der liebe Gott. Der Verrat des Bildungssystems an unseren Kindern. 4. Aufl. München: Goldmann.

Reisenauer, Cathrin / Gerhartz-Reiter, Sabine (2019): Über das Beurteilt-Werden – LehrerInnenurteile und ihre Auswirkung auf Identitätsbildung und Bildungsbiographien. In: Erziehung & Unterricht 169. H. 9/10. S. 909–917.

Rolff, Hans-Günter (2019): Vom Lehren zum Lernen – Von der Notwendigkeit einer pädagogischen Theorie des Lernens. In: H. G. R.: Wandel durch Schulentwicklung. Essays zu Bildungsreform und Schulpraxis. Weinheim/Basel: Beltz. S. 48–55.

Schratz, Michael / Pant, Hans Anand / Wischer, Beate (Hrsg.) (2014): Was für Schulen! Leistung sichtbar machen – Beispiele guter Praxis. Seelze: Klett Kallmeyer.

Schreiner, Claudia / Kraler, Christian (2019): Pädagogische Diagnostik und LehrerInnenbildung nach PISA. In: Erziehung & Unterricht 169. H. 9/10. S. 861–871.

Schulverbund Blick über den Zaun (BüZ) (2007): Was ist eine gute

Schule? Leitbild und Standards. Verfügbar unter: https://www.blickueberdenzaun.de/?page_id=867
Shute, Valerie J. (2008): Focus on Formative Feedback. Review of Educational Research 78. H. 1. S. 153–189.
Stadtteilschule Winterhude – Winterhuder Reformschule (Hrsg.) (2018): Die Heilanstalt. Das Buch. Hamburg: Eigenverlag.
Stadtteilschule Winterhude – Winterhuder Reformschule. Homepage. Verfügbar unter: www.sts-winterhude.de
Stadtteilschule Winterhude – Winterhuder Reformschule. Kulturwandel. Vortrag. Verfügbar unter: www.tag-der-offenen-wir.de
Stiewe, Barbara (2014): »Freunde der Jugend sind wir, nicht ihre Schinder!« Reformpädagogische Einflüsse in Schulerzählungen der Weimarer Republik. Der Deutschunterricht 66. H. 1. S. 14–25.
Südkamp, Anna / Kaiser, Johanna / Möller, Jens (2012): Accuracy of teachers ›judgement of students‹ academic achievement: A meta-analysis. In: Journal of educational psychology 104. H. 3. S. 743–762.
Tan, Eugenia (2013): Assessment in Singapore: Assessing creativity, critical thinking and other skills for innovation. Presentation at OECD-CCE-MOE »Educating for Innovation« Workshop. Verfügbar unter: www.oecd.org/education/ceri/07%20Eugenia%20Tan_Singapore.pdf
UN-Behindertenrechtskonvention (2006): Übereinkommen über die Rechte von Menschen mit Behinderungen. Verfügbar unter: www.behindertenrechtskonvention.info/uebereinkommen-ueber-die-rechte-von-menschen-mit-behinderungen-3101
UN-Kinderrechtskonvention [o. J.]: Übereinkommen über die Rechte des Kindes. Verfügbar unter: www.kinderrechtskonvention.info
UNICEF (2020): Kinderrechte ins Grundgesetz – Jetzt! Appell für die Kinderrechte. Verfügbar unter: www.unicef.de/informieren/einsatz-fuer-kinderrechte/appell-kinderrechte-ins-grundgesetz
Van Ackeren, Isabell / Endberg, Manuela / Locker-Grütjen, Oliver (2020): Chancenausgleich in der Corona-Krise: Die soziale Bildungsschere weitet sich. In: Die Deutsche Schule 112. H. 2. S. 245–248.

Veith, Hermann / Förster, Mario / Weiß, Michaela (2020): Demokratiekompetenz, Demokratieverstehen und Demokratieerziehung. In: Hans-Peter Burth / Volker Reinhardt (Hrsg.): Wirkungsanalysen von Demokratie-Lernen. Empirische und theoretische Untersuchungen zur Demokratiedidaktik in Schule und Hochschule. Opladen/Berlin: Verlag Barbara Budrich. S. 29–46.

Vodafone Stiftung Deutschland (2020): Schule auf Distanz. Perspektiven und Empfehlungen für den neuen Schulalltag. Eine repräsentative Befragung von Lehrkräften in Deutschland. Düsseldorf: Vodafone-Stiftung.

Westheimer, Joel (2020): Stop giving children worksheets. Verfügbar unter: www.facebook.com/jwestheimer/posts/10221424730152189 und https://ottawacitizen.com/opinion/westheimer-forget-trying-to-be-your-kids-substitute-school-teacher-during-covid-19

Xylander, Birgit (2019): Vom Anfang bis zum Schluss jahrgangsübergreifend – Die Aufhebung der künstlichen Zuordnung zu Jahrgängen an der Winterhuder Reformschule. Pädagogik 71. H. 1. S. 35–37.

– (2020): Herausforderungen – Lernen durch Partizipation und Engagement. In: Ines Boban / Andreas Hinz (Hrsg.): Inklusion und Partizipation in Schule und Gesellschaft. Erfahrungen, Methoden, Analysen. Weinheim/Basel: Beltz Juventa. S. 259–271.

– / Heusler, Martin (2007): Bilanz- und Zielgespräche. Rückmeldung und Bewertung auf der Basis von Selbsteinschätzung, Logbuch und Zielvereinbarung. In: Pädagogik 59. H. 7/8. S. 18–21.

– / Heusler, Martin (2008): Projektunterricht: eine Säule im Schulkonzept. In: Pädagogik 60. H. 1. S. 12–15.

Gesetze und Verordnungen nach Bundesländern

Baden-Württemberg

Schulgesetz für Baden-Württemberg (SchG) in der Fassung vom 1. August 1983, Gesamtausgabe in der Gültigkeit vom 1. 8. 2020 bis 31. 7. 2022. Verfügbar unter: https://www.landesrecht-bw.de/jportal/portal/t/muo/page/bsbawueprod.psml?doc.hl=1&doc.id=jlr-SchulGBW1983rahmen&documentnumber=7&numberofresults=146&doctyp=Norm&showdoccase=1&doc.part=X¶mfromHL=true#focuspoint

Bayern

Bayerisches Gesetz über das Erziehungs- und Unterrichtswesen (BayEUG) in der Fassung der Bekanntmachung vom 31. Mai 2000, zuletzt geändert 24. 7. 2020. Verfügbar unter: www.gesetze-bayern.de/Content/Document/BayEUG

Bayerisches Staatsministerium für Unterricht und Kultus: Rahmenprogramm für den Vorbereitungsdienst für Fachlehrer und Fachlehrerinnen, 2011. Verfügbar unter: www.gesetze-bayern.de/Content/Document/BayVwV252442

Bayerisches Staatsministerium für Bildung und Kultus, Wissenschaft und Kunst: Kompetenzorientierter Unterricht: Leistungserhebung, Leistungsdokumentation und Leistungsbewertung, Mittelschule, München 2017. Verfügbar unter: www.km.bayern.de/epaper/Leistungen_Mittelschule/files/assets/basic-html/page-1.html

Bayerisches Staatsministerium für Unterricht und Kultus: Schulordnung für die Mittelschulen in Bayern, 2020. Verfügbar unter: www.gesetze-bayern.de/Content/Document/BayMSO

Berlin

Schulgesetz für das Land Berlin (Schulgesetz – SchulG), 26. Januar 2004, zuletzt geändert 12. 10. 2020. Verfügbar unter: https://gesetze.berlin.de/bsbe/document/jlr-SchulGBErahmen

Verordnung über den Bildungsgang der Grundschule (Grundschulverordnung – GsVO), 19. Januar 2005, zuletzt geändert 1. 9. 2020. Verfügbar unter: https://gesetze.berlin.de/bsbe/document/jlr-GrSchulVBErahmen

Brandenburg

Gesetz über die Schulen im Land Brandenburg (Brandenburgisches Schulgesetz – BbgSchulG), 2. 8. 2002, zuletzt geändert 18. 12. 2018. Verfügbar unter: https://bravors.brandenburg.de/gesetze/bbg schulg?suchbegriff=Schulversuche&suchen=suchen#

Bremen

Bremisches Schulgesetz und Schulverwaltungsgesetz, Dezember 2020. Verfügbar unter: www.bildung.bremen.de/sixcms/detail.php?gsid=bremen117.c.5152.de

Hamburg

Behörde für Schule und Berufsbildung: Ausbildungs- und Prüfungsordnungen (APO), 2018. Verfügbar unter: www.hamburg.de/bsb/verordnungen-richtlinien/nofl/1475294/apo-allgemeinbildende-schulen/

Behörde für Schule und Berufsbildung (Hrsg.): Schulversuch alles»könner: Lernförderliche Zeugnisse an inklusiven Schulen, o. J. Verfügbar unter: www.hamburg.de/alleskoenner/veroeffentlichungen/4463430/lernfoerderliche-zeugnisse/

Hessen

Hessisches Schulgesetz in der Fassung vom 1. August 2017, Gesamtausgabe in der Gültigkeit vom 31.3.2021 bis 31.1.2023. Verfügbar unter: https://www.rv.hessenrecht.hessen.de/bshe/document/jlr-SchulGHE2017pIVZ

Verordnung zur Gestaltung des Schulverhältnisses – VOGSV vom 19. August 2011, zuletzt geändert am 29.9.2020. Verfügbar unter: https://www.rv.hessenrecht.hessen.de/bshe/document/hevr-SchulVerhGVHE2011V4IVZ

Verordnung zur Ausgestaltung der Bildungsgänge und Schulformen der Grundstufe (Primarstufe) und der Mittelstufe (Sekundarstufe I) und der Abschlussprüfungen in der Mittelstufe (VOBGM), 14. Juni 2005, Gesamtausgabe in der Gültigkeit vom 1.4.2021 bis 31.12.2021. Verfügbar unter: https://www.rv.hessenrecht.hessen.de/bshe/document/hevr-Pr_SekIBiGPrVHEV11IVZ

Mecklenburg-Vorpommern

Ministerium für Bildung, Wissenschaft und Kultur Mecklenburg-Vorpommern: Neues Schulgesetz 19.9.2020. Verfügbar unter: www.regierung-mv.de/Landesregierung/bm/Bildung/Schule/Neues-Schulgesetz/

Niedersachsen

Orientierungsrahmen Schulqualität. Qualitätsmerkmal 5.3: Leistungsbewertung. August 2014. Verfügbar unter: https://www.mk.niedersachsen.de/startseite/schule/schulqualitat/orientierungsrahmen_schulqualitat_in_niedersachsen/bildungsangebote_und_anforderungen/leistungsbewertung/leistungsbewertung-129098.html

Nordrhein-Westfalen

Schulministerium NRW: Eckpunktepapier zum Schulversuch Primus-Schulversuch zum längeren gemeinsamen Lernen, 2017, S. 2. Verfügbar unter: www.schulministerium.nrw.de/themen/schulsystem/schul-und-modellversuche/primus-schulversuch-zum-laengeren-gemeinsamen-lernen

Rheinland-Pfalz

Schulordnung für die öffentlichen Realschulen plus, Integrierten Gesamtschulen, Gymnasien, Kollegs und Abendgymnasien (Übergreifende Schulordnung) vom 12. 6. 2009. Verfügbar unter: http://landesrecht.rlp.de

Saarland

Erlass zur Leistungsbewertung in den Schulen des Saarlandes, 2016, mit Änderungserlassen 2017. Verfügbar unter: https://www.saarland.de/SharedDocs/Downloads/DE/mbk/Bildungsserver/allgemeine-informationen/erlass_leistungbewert_2017.html

Sachsen

Schulgesetz für den Freistaat Sachsen (Sächsisches Schulgesetz – SächsSchulG), Bekanntmachung der Neufassung des Sächsischen Schulgesetzes, 27. 9. 2018. Verfügbar unter: www.recht.sachsen.de/vorschrift_gesamt/4192/39551.html

Sachsen-Anhalt

Leistungsbewertung und Beurteilung an allgemeinbildenden Schulen und Schulen des Zweiten Bildungsweges der Sekundarstufen I und II, Fassung vom 24. 3. 2020. Verfügbar unter: https://www.landesrecht.sachsen-anhalt.de/bsst/document/VVST-VVST000011132

Thüringen

Thüringer Schulgesetz – ThürSchulG vom 30. 4. 2003, zuletzt geändert am 11. 6. 2020. Verfügbar unter: https://landesrecht.thueringen.de/bsth/document/jlr-SchulGTH2003V12P48

Schleswig-Holstein

Staatskanzlei Schleswig-Holstein (o. J.): Noten in der Grundschule. Verfügbar unter: www.schleswig-holstein.de/DE/Fachinhalte/S/schulsystem/noten.html

Zu den Autorinnen

Dr. phil. habil. SILVIA-IRIS BEUTEL, Professorin für Schulpädagogik und Allgemeine Didaktik an der TU Dortmund. Mitglied im Auswahlgremium des Deutschen Schulpreises. Als Mitglied im Programmteam der Deutschen Schulakademie verantwortete sie das Thema: »Lern- und entwicklungsgerechte Leistungsbeurteilung«.

BIRGIT XYLANDER, ehemalige Schulleiterin der Stadtteilschule Winterhude – Winterhuder Reformschule in Hamburg. Trainerin und Werkstattleiterin: »Lernbegleitung und Leistungsbeurteilung«; Deutsche Schulakademie.